21 世纪职业教育规划教材

职业院校班主任岗前培训必备教材

班级教育故事写作技巧与范例

主编◎段珑玉 廖振德

中国人民大学出版社
·北京·

序

80 篇充满温情的教育故事，没有曲折离奇，没有大起大落，也没有惊天动地，但它们是一个个生命唤醒的演绎，一个个师德情怀的抒写，一个个润物无声的动容。

它们不仅仅是心中的一片温暖，不仅仅是热泪盈眶时的无言，也不仅仅是从内心顿生的冲动，它们是如春风般无声的轻柔，它们是像雨后彩虹般的灿烂。前行，源于感动。教书育人的感动，不仅仅要用眼睛去发现，还要用心去体会。

一批又一批班主任老师用真诚去拥抱每一个学生：少一分苛求，多一分理解；少一分埋怨，多一分宽容；少一分指责，多一分尊重。“因为我是班主任!”多么简单又充满力量的信念!

爱与宽容是一种无声的教育。书本知识的传授是重要的，而给学生营造一个爱与宽容的学习环境，鼓励学生人格成长、个性发展也是重要的。

有人说过这样的一句话：“老师不经意的一句话，可能会创造一个奇迹；老师不经意的一个眼神，也许会扼杀一个人才。”老师的某些习以为常的行为，对学生终身的发展也许会产生不可估量的影响。做一名班主任就应经常回顾自己以往的教育历程，反思一下：我造成了多少个遗憾，刺伤了多少颗童心，遗忘了多少个不该遗忘的角落!

做班主任，要有能力点燃火种，并且绝不能熄灭火种!班主任如果放弃一个学生，可能会减少工作压力，可能会提高教育质量，可能会更容易赢得荣誉，但你放弃的却是一个孩子的前途，放弃的是一个家庭的期望，留给自己的也将是一个永久的遗憾!

有一种态度叫享受，有一种感觉叫幸福。教书育人的过程就是一种痛并快乐的享受，一种静等花开的幸福!

享受着教育幸福，你就多了一双发现的眼睛；享受着教育幸福，你就多了一份快乐的情绪；享受着教育幸福，你就多了一股创造的活力；享受着教育幸福，你就多了一种生活的诗意；享受着教育幸福，你就能从平凡中品味出伟大，从失败中咀嚼出成就！

前　言

班主任肩负着班级日常管理和德育工作的重要职责，是学校德育和学生管理队伍的重要组成部分。大学里面没有班主任专业，可以说很多老师没有经过正规培训就走上了班主任岗位。怎样提升班主任的专业能力呢？用什么方法去提升呢？中等职业学校班主任能力比赛是有效提升班主任专业能力的一种方法和途径。而在班主任能力比赛中有一项“班级教育故事”叙述，即参赛选手叙述自己在班主任工作经历中的一个成长故事。本书针对这个比赛项目，结合班主任工作实践，收录了80篇班主任与学生共同成长的真实故事。

本书所有故事均是根据教育规律，围绕“和学生一起成长”的主题，思考、构想、叙述的班主任亲身经历的真实事件。这些故事真实记录了作者难忘的教育经历，展示了平凡的工作中不平凡的感人事迹，体现了中职班主任敬业乐教、立德树人的职业精神和爱生如子、无私奉献的高尚情怀。

本书具有以下特点：一是地域性。本书中的故事均是结合东莞地区学生的特点，以及东莞职业教育“产教融通，校企合作，工学交替，知行合一”的人才培养机制体系撰写的真实故事。二是可复制性。本书的编委多是各学校一线的班主任、班主任能力比赛一等奖获得者、省市校名班主任工作室主持人，实践经验丰富，所有的案例都是亲身实践、反复体验、潜心探索的结晶，因此具有很强的可复制性。三是典型性。本书梳理了中职学生普遍存在的问题，挑选具有典型意义的案例，分门别类，符合新时代学生的心理特点。本书对改进班主任工作具有较高的实用价值，期待本书能为提高班主任管理水平提供借鉴，进一步提高学校育人实效。

本书由东莞市名班主任工作室主持人、高级教师段珑玉，东莞市人民政府督学、高级教师廖振德担任主编。本书编委为东莞市段珑玉名班主任工作室的全体成员，其中，中山市坦洲理工学校的常莹、东莞市电子科技学校的郭资、东莞市商业学校的汪珏曾获全国班主任能力比赛一等奖，中山市第一中学的任山鹏、东莞市商业学校的汪伟丹曾获广东省班主任能力比赛一等奖，刘小丹为中山市第一中等职业技术学校名班主任工作室主持人。

本书可作为全日制大中专院校师范专业教学参考用书，也可作为大中专院校和普通中小学教师培训和班主任能力比赛培训用书。

本书在编写过程中得到了广东省中等职业学校德育研究会、东莞市教育局、东莞市电子商贸学校的大力支持，在此表示感谢。由于水平有限，难免存在不足之处，希望各位专家同行给予批评指正。

编者

2021.2

目录

CONTENTS

第一部分　班级教育故事写作技巧

第二部分　班级教育故事写作范例

第一部分

班级教育故事写作技巧

班级教育故事的内涵

班主任是班集体的核心，也是教师与学生联系和协调的重要桥梁，是学校开展各项工作的主要力量，更是学生道德品质的铸造者、学生身心健康发展的促进者。

提高班主任专业能力有利于提高班主任班级管理的综合能力。中等职业学校班主任能力比赛是全国职业院校技能大赛的重要组成部分，也是提高班主任专业能力的方法和途径。在班主任能力比赛中有一个环节是“班级教育故事”叙述，参赛选手叙述自己在班主任工作中与学生共同成长的真实故事，分享育人经验，提出令人深思的问题。

“班级教育故事”叙述项目反映广大中小学班主任的创新与实践、学习与研究、辛苦与快乐，体现班主任扎实的基本功和专业能力，展现中小学班主任队伍良好的精神风貌。

班级教育是以班集体为基础展开，班主任采用一定的管理措施，对班级中的各种事务进行计划、组织、协调、控制，带领全班学生实现教育目标的过程，根本目的是使学生得到充分的、全面的发展。

班级教育是一个动态的过程，参与者是教师与学生双方。教师和学生之间的双向活动，是一种互动的关系。班主任不是班级教育的主体，只是班级教育的主导者和引领者。

班集体是学生学习、生活和成长的重要场所，作为最生动活泼的教育现场，每天都在发生着有趣、有温度的“精彩”故事。

班级教育故事是班主任的亲身经历和体验，记录着他们的喜怒哀乐，记录着他们的教育生涯，也记录着他们的成长足迹。这些故事有着强烈的感染力和教育意义，是滋养教师不断成长的土壤。

班主任的成长经历并不会自然地成为学习资源，只有经过反思的经验才会成为班主任工作的财富。反思是促进班主任专业发展最重要的高级思维能力，处于班主任发展的中心位置。从某种意义上讲，教育的过程就是师生之间发生成长故事的过程，班主任善于捕捉、反思和总结，就会留下一篇篇感动心灵的班级教育故事。

班级教育故事是已经发生的、真实的，叙述以事件、人物及其所感所想为主线，故事情节跌宕起伏、扣人心弦，令读者有身临其境之感，并获得教育理论的提升或教育方式的归纳。班级教育故事是班主任叙述班级管理中的真实情境的过程，其实质是通过讲述班级教育故事，体悟教育真谛的一种研究方法。通过班级教育故事展开对现象的思索、对问题的研究，是一个将客观的过程、真实的体验、主观的阐释有机融为一体的一种教育经验的发现和揭示过程。对教育中司空见惯的细节进行重新审视，去发现其中的教育内涵，从而把班主任自身的思维触角引向自我教育的更深层，使看似平淡的日常教育生活显现其不平凡的教育意义。

班级教育故事的写作要求

“班级教育故事”叙述是班主任能力比赛中的环节，要求紧扣主题，理念先进，思想深刻，内容真实。叙述时间为 5 分钟，字数不超过 1500 字。下面我们结合班主任能力比赛方案，阐释班级教育故事的写作要求。

一、真实性

班级教育故事所讲述的故事必须是班级教育中真实发生过的事情，不是杜撰出来的。要围绕“和学生一起成长”的真人、真事、真问题，紧扣大教育的主题，在讲述故事时反映出正确的教育观和学生观。

二、教育性

故事要有教育性，不是简单地把事情原原本本记录下来，而是捕捉教育活动中出现的有教育意义的节点，要有解决问题的过程、采取的方法与产生的效果，体现出班主任先进的教育理念和育人能力，故事中采用的方法具有可借鉴性和推广意义。

三、艺术性

故事有题目、开头、过程、结尾。叙述要生动，给人一种画面感。题目要醒目，可巧用成语、化用歌词、巧设悬念。有的题目很好，比如“是金子总会发光”“因赏识而精彩”等。开头要直奔主题；中间转折过渡要自然；结尾要画龙点睛。

四、规范性

由于班级教育故事是对具体的教育事件的叙述，因此要有一定的情节和可读性。叙述要突出问题冲突，有人物语言、内心活动，要揭示故事中人物的内心世界，不是记流水账。要满足叙事要素完备（有时间、地点、人物、事件）、故事结构完整（开头、主体、结尾）、叙事有技巧（脉络清晰、矛盾突出、逻辑严密）等要求。叙述要具体、生动，讲究文笔的清新优美。不应该是对事件的笼统描述，也不是抽象化、概括化的说明，要有反思、有成长、有成效、有推广价值。

五、典型性

典型性是班级教育故事必须考虑的问题。典型性既指事件本身的典型，还指教师的处理方式典型，也指教育效果的典型。

普遍存在的典型问题，实施教育过程也具有典型性，能体现教育的智慧和技巧，能促进教师自身的成长，也能给他人以启迪。

应选择典型的案例，以小见大，观点鲜明，强调符合实际的做法，强调班主任的处理方法，教育效果和教育反思具有代表性。

六、创新性

打破固有的思维模式，从新的角度去思考，针对选定的故事主题，采用创新的方法，提出有效的策略和独到的做法。

七、时代性

自觉运用最新的教育理念、政策、方针指导自身的工作，把促进每个学生健康成长作为教育工作的出发点和落脚点，履行立德树人、教书育人的神圣职责，把理想信念教育放在首位，把社会主义核心价值观融入教育全过程，努力让每个学生都有人生出彩的机会。

班级教育故事的写作技巧

一、选材要以小见大

班级教育故事的目的是呈现作者的教育智慧。优秀的班级教育故事具备两个特点：一是作者希望借此传递自身的教育觉悟；二是读者能从中获取某些感悟与启迪。

从作者角度看，班级教育故事的内容一定是能够引起情感波澜和思想触动的人或事。教育生活中大多数故事是重复的。能够激起写作者内心波澜的，要么是收获了特别的惊喜，要么是遭遇了突如其来的打击。这些在作者心中有特殊的教育意义。从读者角度看，其目的在于感知故事背后隐藏着的教育原理，收获故事中蕴含的教育理性。

作者必须懂得从读者的阅读需要出发选择写作素材。班级教育故事展示的故事背景、事件起因是琐碎的、平凡的、司空见惯的，是大多数教育工作者每天都会面对的：或是讲述“我”与个别“问题学生”之间的“过招”；或是叙述“我”在班级管理上的巧思妙法；或是介绍“我”与家长的交流合作。作者的教育智慧往往使故事的发展过程出现精彩的“不寻常”，描述小事、平凡事中出人意料的“智慧”，便是优秀班级教育故事的要求。

二、立意要敬畏规则

作者具有各自的教育经验、教育情怀、教育理性、教育智慧。不同的教育工作者面对同一件事，观察的角度和获取的启示各不相同。因此在班级教育故事中，故事叙述的视角、内容的取舍、详略的安排、情感的倾向，都会呈现出较大的差异。

班级教育故事要真正传递教育理性、教育情怀与教育智慧，就要敬畏规则、顺乎人性。教育写作中的规则，是以保障师生休息权、娱乐权、阅读权、个性化发展权为出发点，适应师生成长需要、利于纠正行为偏差、保障师生朝向美好目标前行的制度条例。

班级教育故事中呈现的教育理念，必须体现对教育规则的敬畏。绝不能错误理解规则，把强权意志当作应该遵守的规则来维护和赞美。教育中的顺乎人性，是以人类成长过程中必须拥有的美德为基础，运用教育的塑造功能，逐步把受教育者身上不良的品德革除，使其成为有情怀、有担当、有公民意识、有生存能力的合格人才。

三、结构要得当

优秀的班级教育故事就是一篇优秀的记叙文，将作者的思想、情感和教育智慧融入生动的叙述、细致的描写中。

班级教育故事的开头可用不同的形式：可开门见山，用最精练的语言，点明故事发生的时间、地点、人物和主要事件；也可设置悬念，把最精彩的细节放在开头，突出核心矛盾；还可以某种教育理念开头，再引入切合此种教育理念的故事情节；更可直接描绘人物语言、行动与心理，迅速切入事件。无论采用何种方式开头都应迅速入题，快速展开矛盾冲突。

班级教育故事的主体部分既是故事情节不断发展，教师与学生在矛盾冲突中不断碰撞，并最终走向结局的过程，又是展现教育理性和教育情怀、表现教育智慧的过程。主体部分的写作重在巧设波澜，在矛盾冲突中凸显教育理性和教育智慧。在不影响情节表述的前提下，需尽可能简略地叙述事件的起因与结果，而集中笔墨详细地展示教育、成长过程的细节。

班级教育故事的结尾在完成了故事的叙述之后，再用若干段落点题升华，阐释教育理念，给读者留下思考的空间。

班级教育故事不是教育随笔，不适合采用夹叙夹议的手法。

四、形象要典型突出

班级教育故事中包含教师和学生，两者的角色关系影响着叙事的详略安排和故事主旨的准确呈现。常见的故事情节总是学生闯祸，违反校纪班规，然后教师运用自身的教育经验、教育智慧，帮助学生改正过错，完成品德、人格、心理的“转正”。从矛盾冲突的形成来看，班级教育故事中的主角大多数被认定为学生。

然而，班级教育故事的根本目的并不是塑造品德不端、人格缺陷、心理异常的特殊形象，而是探究特殊形象形成的原因，展示转化特殊形象的教育智慧、教育情怀与教育理性。要将这些目的落实到叙事中，就必须详细生动地描述出教师的言行与心理。唯有将教师的所思、所悟、所为描绘出来，读者才能从中收获教育经验和教育智慧，才能在他人的叙事中汲取精神的营养。从这一点而言，班级教育故事的主角其实应该是教师。

班级教育故事一般采用第一人称叙述，教师在叙述自身的教育经历时，往往“神化”自我形象，致使故事中的“我”或被塑造得无所不能，或被塑造成缔造学生灵魂的教育者形象。这样的“我”影响着教育智慧的落实。

优秀的班级教育故事需将“我”描绘得血肉丰满，既拥有与学生一样的个性，又拥有不一样的人生智慧。应尽可能地通过语言、心理、动作描写呈现“我”的个性与智慧，也可适当描绘“我”的神情、态度。塑造学生形象时，同样需要将其刻画成个性突出的形象。学生身上出现的问题越多，引发的矛盾冲突就越激烈，解决矛盾需要的教育智慧也就越丰富。

班级教育故事中的形象，是生活中的真实人物，而不是文学作品的艺术典型。班级教育故事是真实地呈现情境，不是编撰故事。因而，无论是教师的形象还是学生的形象，都只能在真实言行、真实心理活动的基础上进行塑造，不能虚构并想当然地进行艺术加工。

在短短5分钟内讲述一个言之有理、言之有情、言之有悟的故事，实在不是件容易的事情。在校园里每天都会上演各种不同的故事，只要教师善于用发现的眼睛、用热爱学生的心灵去发现、去感受，就能和学生演绎更多的共同成长的精彩故事。

第二部分

班级教育故事写作范例

宽 容 篇

以爱之名，做教育的守望者

2005 年，我与三尺讲台结下了不解之缘。初为人师，迎来了我的第一届学生。因为追求完美，我时常陷入苦恼之中，不知该如何化解工作中的力不从心。

十五六岁的中职生正处在人生中的叛逆期，这一点在我班小滔身上表现得尤为突出。这是一个让我无比头疼的男生，聪明、叛逆、桀骜不驯，经常旷课、打架、欺负同学……每天不整点事情出来就感觉没法过似的。新学期的第三天，已是第四次收到他的违纪扣分单，我强压着心中的怒火，在晚修时间来个了突然袭击。此刻的小滔再一次触犯了我的“红线”，他竟然在晚修时间肆无忌惮地玩手机！我怒火中烧，一把抓起了他的手机，暴躁的他自然不会罢休，“噌”地站起来，恶狠狠地瞪着我。我机智地丢下一句话：“什么都别说，周五再来找我！”就头也不回地离开课室。这时的我已下定决心，必须让这个“刺头”离开我的班级！

等待和沉默一直延续到周五放学。他来找我了，我摆出了所有关于他的“罪证”。

“回家与家人商量一下以后该怎么办，下周带你爸爸来学校。”我平静地说。我相信我的威严和他所有的“罪证”会迫使他退学，那么我班所有的棘手问题就都迎刃而解了！

“我爸妈都在外地……我跟着叔叔生活!”

“你爸妈为什么不带你一起去外地生活?”

“他们……他们眼中，我是多余的!”专横跋扈的小滔忽然抹了一把泪，这是我第一次看到他的泪水!那一刻，我开始自责，身为班主任却对他的家庭情况一无所知。

后来，从他叔叔口中，我得知小滔的父母离异后又另组家庭，都不想管他，小滔因为缺少爱而变得异常暴怒和任性。面对这样一个无辜而渴望爱的孩子，我怎能再一次“抛弃”他呢?

接下来的日子里，我经常过问他的学习生活情况，约他聊天和运动，关注他的微信朋友圈，给他点赞和评论。

一次晚修时我把小滔叫来办公室:“小滔，老师送你一份生日礼物!”

接着，我打开电脑，一段视频跃然呈现在屏幕上:这是我花了一周时间，专门为他制作的音乐视频。听着温情的音乐，看着感人的文字，还有一年多来他的所有照片，小滔又一次流泪了……

“小滔，你电脑学得特别棒，学校已经同意你加入电子商务网络竞赛班了，祝贺你!”此时小滔已经泪流满面。

从那以后，小滔变了，朝着我所希望的方向前进着;而我，也变了，对学生问题的处理变得更加理性和细腻。在日常工作中，遇到类似的学生，我遵循五部曲:“了解原因—适度容忍—平等交流—提供平台—温暖感化”，春风化雨，助推学生成长!

人们常说，教无定法。但我认为，教育的方法千千万，总是被一条线串着，这条线就是对学生的真爱。为师者若把这份真爱投递到学生心灵的深处，因材施教，还有什么问题是化解不了的呢?

“春花遍地，甘做园丁勤浇灌;雪岭摩手，领马志士乐登攀!”我愿带着满腔真爱，做一名教育的守望者!

“K 姐”变形记

听说我要接手计算机 2 班，老教头们顿时唏嘘一片：“这是出了名的问题班级，班里有个女生，叫可欣，出名的难缠，气哭了好几位老师，你可小心点。”

果然，第一次去班级上课，我就领教了。

那天，我站在讲台上，优雅地做着自我介绍，学生们则一脸看好戏的表情。我介绍完，打开粉笔盒准备拿粉笔。刚一掀盖子，我就知道自己被作弄了，只见一只大蚂蚱以迅雷不及掩耳之势飞出来，差点撞到我的眼睛。我头一偏，手一伸，抓住了蚂蚱，动作一气呵成，于是学生们“女侠！女侠!”的喊声不绝于耳。

“什么女侠，不过是个比我们大不了几岁黄毛丫头，哼，还当老师呢!”突然传来冷冷的声音。

我循声望去，出言不逊的女生毫不示弱地瞪回来。看来，这就是传说中的可欣。我笑了笑，若无其事地开始上课。

对于可欣，我是有所耳闻的：家境殷实，长相出众，个性十足，会跳舞，会书法，经常我行我素，屡屡行走在违纪的边缘，却又不会被抓住把柄。上课不认真，成绩却很好。因此在班里威望很高，同学送她一个极具江湖气息的外号——“K 姐”。后来，听前任班主任说起 K 姐的身世：她的父母在她很小时离异，她由奶奶带大。奶奶去世，她大受刺激，从此养成了不信赖别人的“刺猬性格”。

此后，我对 K 姐的看法大为改变。我正琢磨如何打开 K 姐的心结，正好接到学校通知，每个班排练一个节目，参加校庆文艺汇演。我知道契机来了。早读课上，我来到正神游天外的 K 姐面前，拍拍桌子示意她跟我出来。她跟我来到教室外面，先发制人地说：“老师，你别拿那套不好好读书将来找不到工作的陈词滥调吓唬我。我爸跟我说了，让我混个毕业证，毕业后就到他公司上班。”

我不理会她，只是把通知递给她，她不解地接过来，看完后，激动地问：“老师，你是让我代表班级去参加比赛吗?”看到我微笑默认，K 姐终于卸下“盔甲”，露出了难得的笑容。看到 K 姐的笑容，我坚信我可以让她蜕变成一名真正品学兼优的好学生。

K 姐说干就干，立即“招兵买马”，开始排练《惊鸿舞》。我尽可能给她们提供排练的时间和场所，还请舞蹈老师提供专业的指导。

我的苦心收获了甜蜜的果实，最后 K 姐领衔的《惊鸿舞》获得二等奖。而通过排练和比赛，班级凝聚力也得到空前的加强。后来我又推荐她参加全市的书法比赛，也喜获佳绩。

慢慢地，曾经的“刺儿头”成为班级活动积极分子，在 K 姐的带动下，班级同学的精神面貌焕然一新。

教师节，K 姐送了我一幅她临摹的《兰亭序》，卷轴里夹着一张字条，说她要参加高考，上大学继续深造。

看着这情真意切的礼物，我有些感动。看到 K 姐人生目标的改变，我感到欣慰。我庆幸当初没有使用“强权”和“暴力”，而是用春风化雨的方式，温暖了她冰封的内心。K 姐也给我的职业生涯上了宝贵的一课：教育的核心，是满满的责任和爱。

隔窗听雨，静待花开

在第一年当班主任的时候，我遇到了很多麻烦。学生们一个个都趾高气扬、个性张扬，甚至一言不合就拍桌子走人，那时候我就开始思考，我应该以一种什么样的方式来对待这群孩子呢？

幸好，我遇到一位前辈，她是学校里受人尊敬的教师。当时她是我的年级长，她知道我的困惑后，让我去听了她的一节课，这节课让我茅塞顿开。

那节课上有 3 个同学迟到，她不仅没有苛责追问他们迟到的理由，而是嘘寒问暖，3 名迟到的同学被问得脸都通红了。下课后，我过去问她："难道你看不出他们是无故迟到的吗？"这位前辈不急不慢的回答，我一辈子都忘不了，她说："教育是一场长跑，不是百米冲刺，我们不必马上跟学生斗智斗勇，决出胜负。其实很多时候，我们可以先放一放，先跟孩子们交心，只要他们信任你，以后教育他们的机会多的是。"她说这种方法是"隔窗听雨，静待花开"的"佛系"教育法。

自那以后，我都谨记这句话。每当我在教育学生中遇到无法解决的困难时，都会先放一放。每次遇到大问题，我不会直接就问题本身展开长篇大论的教导，而是先跟他们聊点轻松的，安抚他们的情绪，甚至跟他们道歉，说他们之所以犯错，都怪我这个班主任没有教育好。学生普遍都会因此而更自责，最后就会无条件配合。

有一次，我班级的一个班干部因为家里有人结婚，在酒席上喝了点酒，来上晚修时处于微醺状态，一直趴在桌面上睡觉。我到班级看晚修，从他身边经过时，他身上的酒精味引起了我的注意。当我站在他身旁时，他的同桌把他摇醒了。他一下站起来，已经准备好应对我的批评。但我并没有当众批评他，而是伸手摸了摸他的额头，问："喝了酒不难受吗？干吗还回来晚修？要不回宿舍先休息一下，有什么等明天酒醒了再找我聊。"他被我的"好脾气"给问傻了，完全无言以对，赶紧摇头回答道："老师我没事，只是有点晕"。我还是没有问他喝酒的原因，而是只关心他的身体状况。他看我一直关心他，更不好意思了，低头轻声地说："对不起，老师！我不应该在上学前喝酒的，真的很抱歉！"然后他主动告诉了我他喝酒的缘由，并且保证不会再犯。后来这个同学成了我们班的班长，一直协助我管理班级。

老师被誉为人类灵魂的工程师。班主任的教育理念和沟通技巧会深远地影响每一个孩子的成长、每一个灵魂的塑造。所以我们切忌急功近利，追求表面的成果。在教育的过程中，我们不仅要有说教的能力，更要有“隔窗听雨，静待花开”的修养。

蓝色蝴蝶

那一年我接手了一个“烫手山芋”，凭着新官上任三把火的雷霆态势，在我果断而严厉地处理了几起违纪事件后，班里的学生也开始忌惮我几分。

但小天却是个例外，他对老师的教育不太买账，每天置身事外，课想听就听，不想听就趴着睡觉，还不时迟到早退，班里同学反映他有暴力倾向。我找小天谈话，他保持微笑，态度良好，频频点头，但依旧我行我素，好像已经看穿我的“套路”。

我之前看了好多班主任“兵法”，原本自信满满，可遇到这样一个学生，却有些束手无策。在班里，我有意提携他、关注他，但收效不是很大。我慢慢地失去了耐心，萌生了放弃他的想法：“让他‘作’吧，我们不是义务教育，等旷课超过一定标准就等着回家吧。”

直到一天晚上，我备完课，习惯性地往班级门口望了一下，发现班里有人在抽烟。我走进教室打开了灯，看到小天坐在桌子上，脚踩在椅子上，手里的烟没来得及掐灭。那个瞬间我似曾相识，让我想起了很多年前上大学感到郁闷时，自己一个人独自抽烟的情景。我没有发怒，把他叫到了教室外的阳台上，开口问了句：“抽的什么牌子的烟？”小天有些发愣：“黄鹤楼。”“烟不错，我以前都抽红河，便宜，有劲。”“老师你也抽烟？”“上大学那时候抽，现在戒了。”“老师来一支？”我摆了摆手：“抽几年了？”“三年。”“一天几支？”“十几支吧……”没有什么引导，就是很单纯的聊天，从抽烟聊到了我的烟史与戒烟史，聊到了摇滚乐，又聊到了文身，还讲了一个关于文身的笑话。“郭老师，如果让你文身你会文什么？”“目前我还不知道。你为什么要文一只蓝色的蝴蝶呢？”我知道他的左肩上文着一只蓝色的蝴蝶，他答道：“自由，漂亮！”“蝴蝶之前是什么？”“毛毛虫。”“破茧成蝶听说过吧？想成为一只自由、美丽的蝴蝶，毛毛虫其实需要付出很多。”……我感觉这纯粹就是和大学同学的一次聊天，甚至差点忘了他抽烟的事。

第二天，我的办公桌上放着一封信。打开一看是小天的检讨，落款“毛毛虫”，我感觉收获了意外的惊喜。渐渐地，小天和我有了很多沟通，后来我才知道这个孩子是单亲家庭，敏感、好斗，从小学、初中到高中错误犯了很多，但他是个很有思想、很有品位的孩子。渐渐地我们成了朋友，我有时会邀请他来我家吃饭，还陪我媳妇和我逛过几次街，他和我媳妇还一起嘲笑过我这个“直男”的审美水平。小天在班里虽然依旧表现得我行我素，但眼神明显温柔了很多。

后来，小天转学去了广州一所学校学习电子商务。他临走前和我聊到凌晨一点多。走后我收到了他的一条短信：“没品位的老郭，今天晚上，和你聊天的某个瞬间，感觉好像我爸爸回到我身边一样。”那个瞬间我似乎感觉到，小天和这个世界和解了，也感觉自己得到了全世界最大的褒奖。

对小天的教育引发了我的思考，记得学校曾派我参加一个班主任论坛，有一位全国很有影响的老师说过：心灵平等地和学生在一起才是最好的教育。心灵不平等，所有的教育方法都不过是“套路”而已。《论语》有云：“莫春者，春服既成，冠者五六人，童子六七人，浴乎沂，风乎舞雩，咏而归。”平等的陪伴或许才是教育的真谛。

尊重每一颗纯洁向上的心

在做班主任的日子里，我经常告诫自己：每颗心灵都是纯洁的，每个青春都是火热的，每块玉石都是有瑕疵的。必须以平等的心来尊重每一位学生，必须以真挚的情来爱护每一位学生，这样才能赢得学生诚挚的爱，帮助学生健康成长。

我的班级曾发生过这样一件事：

某天，一位同学跑来告诉我："老师，我们找到了你丢的那部手机！"我惊喜异常，找寻很久未果的那部手机居然再现江湖了，那我不用赔钱给学生了！想到这里我就在懊恼当初不应该没收小余的手机。"老师，那部手机被小月偷了，我们借过来看过，就是你没收代管小余的那部手机。"我一时语塞，小月？那个品学兼优、勤奋努力又有能力的团支书，我的科代表，从我这里偷走了手机？一时间，愤怒的我恨不得立即找她来问个明白。

几分钟后，小月忐忑不安地站在我面前。我一连串的提问让她无言以对，也让我确信了她的偷盗行为。正准备厉声斥责的我看到了她那发白的绞在一起的手指，突然惊醒：我面对的是一名学生啊！于是沉声道："你先回去吧。"

"老师，这种人太卑鄙了，一定要严惩！"

"老师，她偷手机，让你蒙受不白之冤，你一定要好好处罚她！"

…………

课堂上全班同学怒发冲冠，声讨充斥着整个教室，看到大家这么激烈的反应，我反而冷静了下来。

偷盗行为决不能姑息，但是，想到她平时的积极上进、想到她微笑的脸庞，我不忍心在她蓬勃青春的灵魂上撕出一个大大的伤口。

思考再三，我在班会课上做了这样的安排。

"对不起，小余同学，是老师的失职，弄丢了你的手机！"我向小余鞠躬道歉，并表示会给予赔偿，然后说，"我希望大家可以原谅我，因为一次的错误不是永远的错误，我也相信这次的错误可以让我以后做得更好！"小余没有接受我的赔偿。

我用诚恳化解着大家的愤怒，我用言行引导着同学们学会宽容，我用暗示激励着小月勇于面对和改正自己的错误。

果然，第二天的班级一片祥和，气氛轻松。原来，前一天晚上小月不仅把手机还给了小余同学，还主动要求当着全班同学的面做深刻的检讨，唯一的恳求是班主任不在场，因为她不想看到我失望的眼神。事后，大家原谅了小月，而她也更积极地为班级做着分内分外的事，我看到了她改过自新的积极勤奋和她心底无限的感激。

毕业前一天，我接到了小月爸爸的电话，“王老师，感谢您对她的培养，让她成为优秀毕业生。其实小月很懂事的，在家经常做家务和照顾弟妹，虽然家里穷，但是她从来都没有抱怨和要求过什么，还经常拿奖状回来告慰我们。”小月爸爸的话语中难掩心中的自豪。挂断电话我无限欣慰，我差一点就毁了一颗纯洁向上的心，差一点就扼杀了一个优秀学生、一个孝顺女儿，差一点就断送了一个学生的前程、一个家庭的幸福！正如《老师，你把我的名字叫错了》里的叶老师所言，一个不小心，我们就会用狭隘、漠然和虚伪，“杀死”一颗纯洁向上的心。

太阳总在有爱的地方升起，月亮也总在有爱的地方朦胧。爱是永恒的微笑，使你的心灵永远充满激情，使你的双眼永远清澈明亮。让我们老师用激情的心，用明亮的眼，去尊重每一个青春的灵魂，去关爱每一个脆弱的心灵，去守护每一个绚烂夺目的明天吧！

有一种美丽叫宽容

我先跟大家分享一个故事：玛丽一人在家，当她听到门铃响打开门时，发现一个持刀的男人正恶狠狠地看着自己。玛丽灵机一动，微笑着说："朋友，你是推销菜刀的吧？我喜欢，我要一把。"她边说边让他进屋，又接着说："你很像我过去一位好心的邻居，看到你真的好高兴。你要咖啡还是茶？"本来一脸煞气的歹徒渐渐腼腆起来，他有点结巴地说："谢谢……哦，谢谢！"最后，玛丽真的买下了那把菜刀。男人拿着钱，迟疑了一会儿就走了。在转身离去的时候，他说："小姐，你将改变我的一生。"

一个弱不禁风的女子用她的机智和微笑感化了歹徒，改变了他的一生。这位玛丽小姐不正是和《教育也要留白》中贾老师处理学生打架事件时运用了同样的方法吗？方法的关键就是他们都拥有宽广的胸怀和一颗宽容的心。

记得我做0708班的班主任时，有一位调皮的学生小豪，在上电子商务专业课时，他突然站起来向正在讲课的我发难："王老师，反正以后我不用工作，也不想学习，我可以打瞌睡吗？"他那理直气壮的样子闹得全班哄堂大笑。我彻底怒了，他居然敢在课堂上公然挑衅我?！我强压住内心的怒火，勉强地上完了这一堂课。课后我没有找他谈话，因为当时我的心情极不平静。回到家里，我情绪低落到了极点，彻夜难眠。我一直在想，如果我严厉批评他，他真的就会认真听课吗？如果严厉批评作用不大，还有没有更好的办法呢？

第二天早上，我走上讲台，面带微笑说："同学们，在上课之前，我想向小豪同学说句感谢的话，我一直以为我的课讲得还不错，所以老躺在'良好'的感觉上睡大觉，是小豪同学提醒了我。其实我也有很多让大家不满意的地方，希望大家以后对我的教学多提意见，帮我进步，好吗？"教室里静得出奇，我看见小豪的头埋得很低，很多同学都在用很疑惑的眼光看着我。

这一堂课我上得十分投入，学生们也听得特别认真。下课后，小豪主动来向我承认错误。看着他诚恳的表情，一刹那，我明白了，宽容真的比什么都重要。我没有苦口婆心，没有循循善诱，只是以宽容和理解的态度，给了学生一个合理的“台阶”，收到了这样出奇的效果。

用宽容代替惩罚，用关爱代替辱骂，让学生在老师理解、关爱、宽容的目光下学会自尊、懂得自爱、健康成长，这应该是教育的本质。

土地宽容了种子，拥有了收获；大海宽容了江河，拥有了浩瀚；天空宽容了云霞，拥有了神采；人生宽容了遗憾，拥有了未来。我要说：教师宽容了学生，拥有了美丽，拥有了快乐，更拥有了成功。

给一次机会，放飞一生的希望

我想问大家一个问题：你们教过调皮的学生吗？——从你们的眼神中，我已经知道答案是肯定的。调皮的学生在我们职业高中会相对多一些，做职中班主任的我，也同样遇到过不少这样调皮的学生。

今天，我站在这里，不是用优美的诗句去吟诵教师的崇高，我只想与大家分享我作为一名普通教师所收获的那份感悟。

记得去年，我接任了一个班，这个班有个男孩叫小洪。小洪在校外参与了一起打架斗殴事件，按学校的规定要开除。我还记得在面见家长时的一幕：他妈妈默默站在一旁流泪，他爸爸突然下跪，用哀求的声音哭诉着："主任，你就给他最后一次机会吧……我得了癌症，已经到了晚期，家里经济来源就靠他妈妈一点工资和政府的救济，孩子是我们唯一的希望啊……"小洪站在一旁目瞪口呆地看着自己的父亲，也许是听到父亲得了癌症，也许是看见父亲下跪在地，他流下了眼泪。而此时的我，其实也不忍心看着小洪被开除，因为他毕竟还是孩子。于是作为班主任的我在一旁也极力地劝说着，领导终于答应了家长的请求，给了小洪一次机会。在接下来的日子里，我没有对他的所作所为在全班同学面前进行过负面评价，而他却有了明显的进步。

可是，有一次自习课，趁老师不在，小洪溜出课室准备提前下课，在他的影响之下，全班一片骚乱。这时我出现了，只见小洪以最快的速度溜回课室，装作若无其事的样子伸手去关教室里的电扇，转身对大家说："叫你们不要走，你们偏要走。"对小洪这样的小伎俩，我感到又气又好笑，但我没有当着全班同学的面批评他，更没有揭穿他，只是笑了笑，有意识地表扬了小洪同学这种关心集体、爱护同学的行为。过后我单独找他挑明了这件事，告诉他："对于这件事情，老师不是不知道，而是给你面子。"小洪听了以后，惭愧地低下了头。

此后，经过多次与小洪同学的"亲密"接触，渐渐地，小洪变得听话了。这时我乘胜追击，对他委以重任，让他担任纪律委员。对此，他十分感动，学习更认真了，也更遵守纪律了。

渐渐地，这只离群的孤雁终于回到了班级这个雁群中。由于小洪同学的改变，班级面貌有了极大的改观。

通过这个案例，我深深体会到，作为一名教师，要学会宽容我们的学生，宽容学生的错误，宽容学生错误的反复。我一直用"没有教不好的学生，只有不会教的老师"这句话来勉励自己。事实上，给学生一次机会，等于放飞他一生的希望。

给教育抹上爱的绿色

记得读大学时，我曾用浪漫的情怀去设计美好的未来，用火一样的热情去描绘绚丽的事业。可当真正走上工作岗位以后，我切实体会到了教师平凡而烦琐的生活，体会到了教育工作的艰辛和压力。

记得刚参加工作不久，有一次上课，我发现一名学生嘴里不停地在咀嚼东西，便委婉地提醒他上课不要吃口香糖，但他并未听从，更加想不到的是他竟然用本地话当堂与我顶撞。就是那一次，我流下了从教后的第一滴眼泪。我难过的是学生公然在课堂上向师道尊严挑战，更加难过的是我投入的一腔热忱与爱心，换来的竟是学生的不以为然。顷刻间我觉得自己的心像被针扎了似的疼，一腔心血似乎也付诸东流。我艰难地压抑着情绪上完课之后，陷入了良久的思索，不断地问自己：究竟值不值得这样去付出？我苦恼、迷茫、动摇，但领导的谆谆教诲激励着我，周围同事们的工作精神感化着我。和学生们共同欢笑，共同烦恼，我周围的老师们无怨无悔地这样做着。最后我还是坚定了自己的想法，“愿做春风化磐石，我无怨无悔”。尤其是在事后这位学生红着脸向我道歉时，我心中的疙瘩顿时解开了，霎时又恢复了以往与学生交谈时的语重心长、和声细语。

法国文学家雨果说过：世界上最宽阔的是海洋，比海洋更宽阔的是天空，比天空更宽阔的是人类的心灵。现代教育学认为，教育的本质是唤醒。我们教师每天要面对学生，如何唤醒学生沉睡的良知，铲除灵魂的杂草，让学生在自我反省中明白事理，接受教育，从而学会做人，形成正确的人生观、世界观，这才是教育的最高境界。而这一切最基础的就是爱。我们现在所教的学生多是独生子女，从表面上看他们并不缺少爱，然而仔细研究就会发现，他们得到的爱是不平衡的：物质的多，精神的少；宠溺的多，理智的少。很多学生往往感到生活不快乐、不幸福。我认为作为教师要从人性的角度理解学生，尊重他们的人格。美丽的天鹅人见人爱，而丑小鸭更需要关爱。爱是成功教育的基石。

秉承着爱的信念，谛听着自己的足音，我在从教的路上走过了七年。难忘曾经挑灯夜战的日子，难忘曾经汗洒讲台的时刻，但更难忘的是学生那金子般的爱回馈给我的一个个感人瞬间：清晨他们扬着纯真的笑脸向我问好；我讲完课喉咙疼痛、嗓子冒烟，他们一句句关切的问候；课间休息他们争着和我拍照，说要和我“亲密接触”；课堂间隙和他们漫无目的地畅谈；还有课后他们递给我“补充能量”的酸奶……难忘的场景还有很多很多。

作为一名教师，三尺讲台是我永远走不完的征程；黑板、粉笔是我永远割舍不下的责任。如果学生是一株株小草，那老师的宽容便是小溪，去滋润着每株小草。给教育抹上爱的绿色，我会在挥洒五彩汗水的辛勤付出中，带着希望上路，怀着憧憬启程，不管风雨，不管泥泞，创造人生最灿烂的风景。

“蹲下来”，让心靠得更近

“蹲下来”是师生相处的金钥匙。教师要“蹲下来”的不仅是身体，还有思想：平等看待学生，接纳每个学生的个性，才能真正地走进学生的心灵。

——题记

2013年春天，我中途接手一个棘手的班级。学生对原班主任有着深厚的感情，对于我这个空降的“后妈”，很多同学表现出抵触情绪，小娟尤其明显。

我上任的第一天，小娟跑来请假：“我接受不了原班主任不带我们了，要回家调整心情。”才开学第一天，就要请假，这不是故意给我这个新班主任难堪吗？我当然不会批准！班会课上，我强调了请假制度的严肃性，告诫同学们不要用乱七八糟的借口请假。说完，我目光扫过小娟，发现她用一种复杂的眼神看着我。而班主任工作的繁忙，让我忽略了她眼神背后重要的意义。

渐渐地我走进了这群孩子，可唯独小娟，我似乎很难打破她设的那堵心墙，她总是拒我于千里之外。与此形成鲜明对比的是，小娟经常热情地往原班主任办公室跑，这让我深深地体会到了作为“后妈”的无奈与心酸。

那时流行玩微博，几经周折我找到了小娟的微博。天啊！翻看着一篇篇笔调消极的心情记录，我看到了一个从小缺乏父母关爱、内心极度敏感脆弱的小娟，工作细心到位的原班主任给了小娟莫大的安全感。她很喜欢这个老师，所以开学初她表现出来的不舍与难受都是真实的，却被我曲解为任性、无理取闹……想到这里，我似乎读懂了她当时看我时的眼神。我感到很自责，我那句“不要用乱七八糟的借口请假”深深地伤害了她，也亵渎了她对原班主任真挚的感情。作为班主任，我亲手把一个原本就缺爱的学生越推越远，还总是怪学生不懂事。看到开学初写在班主任工作手册上的“爱心、耐心、细心”这几个字，我觉得自己很失职。

我该做点什么来温暖这颗受伤的心呢？

一节晚修，小娟与同学闹别扭，不愿进课室。换作以往我会生气批评，但这次我没有。看到我过来了，小娟立马蹲下拒绝和我沟通，我走到小娟身旁，也很自然地蹲下，轻声说道："没事，如果你不愿意进去，老师在这里陪着你。"小娟抬起头诧异地看着我。"如果以前有说过伤害你的话，老师向你道歉。"小娟看我的眼神里多了一份柔和，或许，她从来没有想过班主任竟会蹲下来跟她聊天，甚至向她道歉吧。

后来我收到小娟的短信："老师，当您穿着高跟鞋蹲在我旁边时，我发现您跟我以前认识的不一样，我更喜欢这样与我平等聊天的您，而不是高高在上、动不动就批评学生的班主任。谢谢您的陪伴与鼓励。"看到这，我的幸福感油然而生！

封锁的心墙被慢慢地打开，教育的契机也在渐渐地开启。由于小娟在微博中展现出的好文采，我鼓励她向校刊投稿，支持她参加校园演讲比赛……渐渐地，小娟的敏感脆弱被自信开朗取代，成为我班耀眼的小才女。而我这个原本讨人厌的"后妈"，也"逆袭"成为亲切有爱的"婷姐"。

小娟的心路历程让我明白了，教育不仅仅需要一颗真心，还要善于抓住契机，接纳每个学生的个性，让你的真心与学生更好地"融通"。只有让学生感受到你对他们的真诚和关爱，感受到你的人格魅力，他们才会乐于接受你，从而接受你的教育。班主任既要树立带班威信，也要放下架子，试着"蹲下来"。"蹲下来"，让沟通变得更顺畅；"蹲下来"，让理解变得更容易；"蹲下来"，让彼此的心靠得更近！

坦诚与虚伪

暑假的一个傍晚，一家人正围着桌子吃饭，老婆突然问我和女儿一个问题：“你是一个老师，上课第一天在班上点名，如果碰到学生的名字里有你不认识的字，你会怎么办？”我不假思索地回答：“我会对这位同学说，不好意思，这个字我不认识，你能告诉我你叫什么名字吗？”女儿马上表示赞同地说：“我也会这么做。”老婆微笑着说：“我介绍你们读一篇文章——《现代教育读本·教育卷》第346页《老师，你把我的名字叫错了》，看你们有何感想？”饭后，我和女儿饶有兴致地争着去读这篇文章。

书中写了班上很多学生一起导演了一出让一位大学中文系毕业的老师出丑的事件。新接手班级的老师因为不认识“昶”字，在点名时就把含有这个字的学生名字跳过了，点完名该老师问还有谁的名没点到，该同学说“我的名字没点到”，并告诉该老师他名字中的那个字读“永”，该老师误认为该字就读“永”。后来在一次全校的公开课上，该老师在叫该学生回答问题时，依旧将“昶”读成“永”。该学生当着在场师生的面纠正了“昶”字的读音，这令该老师无地自容。从此该老师对那个学生不闻不问，最后这个学生成了全班唯一的落榜者。该老师功成名就的若干年以后，有一次与他的学生们回忆往事，某同学说起那个落榜的同学，因为家庭原因，他去建筑工地当小工，被砖块砸中死亡。意外发生时他身上还揣着一本自学考试书，只差一门就可以拿到大专文凭。某同学同时告诉老师，当年的那次事件其实是他们强迫该同学配合上演的，想让老师出丑，此事件并不怪那位同学。该老师听了之后把他客厅挂着的满满一墙的奖状和牌匾统统卸了下来，陷入了深深的愧疚之中。

当我阅读到这篇文章的前段，看到这位老师用这么一种方法逃过尴尬的一幕之后，我还在佩服这位老师的机智和临场应变的能力，原来还可以用这么一招。但当我认真阅读完整篇文章之后，我的脑海中只浮现两个词：“坦诚”与“虚伪”。

其实，在我们身边不乏类似的事例。不认识“昶”字，为什么不马上查字典？

为什么不虚心地问一下该学生“昶”的读音？我通过这件事看出了老师的虚伪。这位老师为什么虚伪？因为要在学生面前保持作为一个老师的尊严和权威。如果老师连一个“昶”字都不认识，这是多么没有面子的事啊，以后还怎么给学生上课？这可能也是很多老师的心态。

那么，老师在教育学生的时候，是坦诚地面对学生，还是虚伪地掩饰自己？教育的目的是什么？是保证老师永远的权威吗？

随着社会的发展，学生在学习和接受新生事物的时候可能比老师的速度更快，所谓青出于蓝而胜于蓝。同时，老师也是普通人，老师也会有犯错误的时候，关键是我们在犯错误的时候应该如何对待。老师应该放下架子，要有一种敢于认错的勇气，当我们真心诚意地向学生说“对不起”“谢谢你”时，老师不仅不会丧失尊严，相反会更有魅力，更容易走进学生的内心，赢得学生的敬重和理解。相反，如果老师明知道错了却死要面子不肯认错，甚至是虚伪地想方设法掩盖自己的错误，更甚者把错误、责任推给学生，那才更失老师尊严。学生有着非常强的洞察力，一旦他们发现自己的老师不够坦诚，甚至是虚伪，那么老师在他们心目中的崇高地位从此将不复存在。所以，放下架子，退去虚伪的外衣，和学生融在一起，才能真正做到教学相长，学生才会觉得老师可亲可爱。

异性交往篇

三月的玫瑰花

三月的广东，已经迎来了春的气息。下班时间，走在校园的林荫小道上，两旁的玫瑰花枝上已经长出了小小的花骨朵。

咦，前方牵手的男女怎么会如此熟悉呢？我定睛一看，那不是我班的靖靖吗？而此刻的靖靖也已注意到了我，满脸通红地跑开了。此情此景，尴尬、失望、无奈、气愤，各种情绪交杂，我深知要想真正解决这个问题将是一场持久战。这个时候我绝不能轻易批评或默许：批评会让她产生逆反心理；默许更会让她肆无忌惮。走在春意盎然的回家路上，我的心情却很沉重。

第二天放学后，我与靖靖相约操场——那是我和学生们谈心的“老地方”了。两人漫步一圈后，她终于耐不住了，主动向我坦白：“我和隔壁班的小峰是上学期才开始谈恋爱的。”我试探性问道：“那你们发展到什么程度了？”她的脸上闪过一丝紧张：“就是周末一起约会。”我姑且相信她的话，问：“那你喜欢他什么呢？”她羞涩地说道：“他大方，很会关心人。”我故作轻松地说：“异性同学之间存在好感没什么好大惊小怪的，老师也经历过，只要不过分，老师是不会刻意扼制的。”她听到我的话，如释重负。接着，我话锋一转，严厉地说：“学校是公共场所，你们的行为不仅影响到了他人，更违反学校的规章制度。一个女孩子更要自尊自爱。”

她羞愧地低下了头。随后，我列举了一些因“早恋”而酿成苦果的例子，在一个个真实的例子面前，靖靖若有所思地向我表示：“我会把握好，但要我离开小峰恐怕做不到。”我一下子有点不知所措了，我能理解一下子就要她消除这份已有的感情是很难的，但这个问题又不得不解决。

要真正解决靖靖“早恋”的问题，仅靠我几次谈话是不行的，我还需要争取各方力量一同来引导她。没过几天，一套方案出炉了：我争取到了那位男生的班主任的配合，我们意见一致，不武断反对，保持密切关注和引导；我发动几位可以信赖的班干部在班级群里就“早恋”现象发表各自的观点，形成正面的舆论导向；我私下还提醒几个靖靖的好朋友，希望她们摆正立场，要时刻关心她、引导她。当然，最重要的还是细心开导靖靖。我不断地和她交流，转移她的注意力，跟她谈人生、谈未来，并推荐她参加了她所擅长的网络竞赛团队。渐渐地，一学期过去了，靖靖很坦然地告诉我，她已经会理性思考感情问题了，并表示自己已经放下了那段感情。我宽慰地笑了。如今，靖靖对待学习的热情提高了，不再有违反学校规章制度的行为，班级里由此形成了专注学业的好风气。

对于这个案例，我思考了很多，因为自己的努力，让靖靖更快乐地成长，我很欣慰。同时我也深刻认识到，对孩子这份美好情感的保护是多么重要，我们决不能扼杀青春期孩子对美好事物的憧憬和未来爱的能力，而应耐心引导，多管齐下，让每一朵曾经在料峭春风中摇摆的玫瑰，都能在青春的岁月中安静等待，待到灿烂的初夏完美绽放！

她在美丽中行走

在我的办公桌上贴着一幅画，画上是一个女孩的背影，并配有一首诗，那是拜伦的《她在美丽中行走》。每每看到这幅画，我的眼前就会浮现出晓昕手中抱着画板在校道的绿荫下行走的画面，那是我记忆中最不可忘却的柔美和坚定。

当年，晓昕和小健是一对陷入恋情的学生。对这种恋情，刚开始我是严厉打压，结果便是“罗密欧与朱丽叶效应”——打击越狠，关系越紧密。吓得我赶紧收手，改为耐心劝说。虽说两人有所收敛，但也仅仅是转入地下而已。一时间我再无良方，无奈之下只好静观其变。

进入了高二，小健被竞赛组的老师看中了，进了竞赛训练队。每天忙于训练的小健不能再形影不离地陪着晓昕。一天，课间休息时间我到班级里去，还没走到教室，远远地就听到哭喊声，我听得出，那是晓昕的声音。我走进教室，只见晓昕满脸是泪，指着小健大声哭诉，小健则紧皱眉头，一言不发。

看见我来了，晓昕闭了嘴，但眼泪仍无法控制地流着。我让晓昕的朋友带她去我办公室，然后询问小健缘由。原来，自从小健进了竞赛队，和晓昕在一起的时间大大减少，晓昕就有了不满。今天这一场闹剧，不过是晓昕积压了许久的情绪大爆发。

我安抚了小健，又提醒班里的同学别再提及此事，之后去找晓昕。我边走边想，我一直等待的契机终于来了。

回到办公室，晓昕一看我来了，便又是两行热泪滚落下来。我轻拍着她的肩膀：“好了、好了，老师知道你受了委屈。其实，你不是怪小健不陪你，你是担心小健越来越优秀，自己会配不上他，是不是?”听了我的话，晓昕哭得更厉害了，边哭边拼命地点头。我静静地等她慢慢平静下来。“晓昕，我知道你们两个现在互相喜欢。那你有没有想过，这种喜欢会一直持续下去吗?”“我希望会一直持续。”“那老师这里有两条路可以实现你的希望：一条就是阻止小健优秀，让他陪你一起平庸；另一条就是你加倍努力，陪小健一起走向优秀。你想选哪一条呢?”“老师，你知道我的答案。可是，我该怎么做呢？你教教我啊！”

其实，我早就发现了晓昕有着很高的绘画水平，只是一直苦无机会。第二天，我将她的几幅手绘作品交给平面设计工作室的老师，老师当场就收下了她。通过在工作室的学习和实训，晓昕逐渐展现出极佳的设计才能，作品多次获奖，并且受到了校企合作单位的好评。晓昕的内秀慢慢外显出来，人也变得越来越自信。她和小健从以前单纯的互相喜欢，升华到了互相欣赏、彼此成就。晓昕生动地诠释了“因为喜欢你，我成为更好的自己”。

“她走在美丽的光彩中，如夜晚/皎洁无云而且繁星漫天/明与暗的最美妙的色泽/在她的仪容和秋波里呈现。”看着晓昕渐行渐远的倩影，作为班主任的我，满心欣喜。

教育，是一个讲究慢的艺术。有时，我们需要在等待中期待，也要在期待中等待，等待一个机会，让我们能牵起学生的手，走过开满繁花的河堤，走过洒满绿荫的小路，带着他们，去看世界的美丽。

用爱保护，用心感化

小飞是我们班一名并不起眼的男生，他秉性善良，心思细腻，热爱班集体。所以一开学我就把一个重要的任务交给了他：做我的“班级管理情报员”。刚开始，他的工作做得顺利且出色：班里哪个同学违纪了，哪个同学最近状态不好，哪个同学跟谁谁闹矛盾了……都能第一时间传到我的耳中，并汇报得一清二楚。在他的默默协助下，班级管理井然有序地进行着。

但谁也料不到，这个老老实实、认真负责的小飞也会“知法犯法”。一天，我看见他和一位女同学一起吃饭，举止行为甚是奇怪，这引起了我的疑心。从那以后，我特别留意小飞，通过观察，加上多年的班主任经验，我最后得出了结论：小飞恋爱了。

虽然学生谈恋爱是老生常谈的话题，是普遍存在的现象。但学生尚未成熟明事，处理不好还是有很大危害的，而且学校也明文规定禁止学生谈恋爱。

以前接手新班级时，我会把“早恋”作为首要工作来抓，把“早恋”的事情摆到台面上，开宗明义，立规定矩。但考虑到小飞老实、敏感的性格特征，以及他的“秘密角色”，我决定从“侧面”对他进行教育。

我时不时地在合适的场合“逗趣”小飞：“小飞，最近脸色不错哦，红光满面的，看来小日子过得挺不错嘛！”“小飞，有什么乐事呢？笑得这么开心，能说给我听听吗？让我也乐一乐吧。”通过这样不时地善意提醒，让他察觉到我对他的关注。

我也找小飞私下交谈，但是我不会直接谈及恋爱的问题，而是像朋友一样聊聊家常：“学习辛苦吗？”“生活上有没有什么困难？”“班里同学们的交往还好吗？”在私下谈过几次后，我不动声色地提到一些稍微敏感的问题：“某某男同学最近有什么变化吗？”“某某女同学怎么样呢？”“为了让我们班的集体荣誉感更强，应该搞一些什么活动比较好呢？”

紧接着，我在班上召开关于“早恋”的主题班会。在和同学交流的过程中，我特意把目光多停留在小飞的身上，着重强调校园恋爱的危害，以达到进一步暗示的效果。

曾经有一位班主任说："学生在校园里恋爱主要是由于他们太闲了，学生在无聊中自然就会找人恋爱。"从那之后，我在班上特意给他安排各种工作，哪怕是周六、周日，我也不放过。我坚信，只要他的日常生活充实了，恋爱的时间和精力自然就少了。

功夫不负有心人。通过一个学期的交谈和沟通，小飞慢慢明白了我的用心，开始专注于学习。

两年后，小飞以优异的成绩和出色的表现被推荐去深圳一家大企业实习。临走前，他特意跑来我办公室："老师，非常感谢您这两年对我的尊重、信任和栽培。老师，保重身体！我会常回来看您的！"

得到学生的认同，我想，这就是一个老师最大的幸福吧！一直以来，我默默地用爱保护学生的健康成长，用心播下希望的种子，并坚信这些种子都会慢慢发芽！

那些年，暗恋的花开过

作为一个中职班主任，与“早恋”斗智斗勇，可以说是家常便饭了。

校庆过后，我发现小清有些奇怪：上课经常走神，一向不化妆的她居然悄悄地涂了口红。我旁敲侧击地了解了她家里的情况：一切正常。经过百般查勘，我猜测她可能恋爱了。

某次课外活动，我留下小清帮我整理物品，边跟她聊着班里事务，边不动声色地观察。瞅准时机，我开玩笑似的问她：“都说女为悦己者容，我们的小清越来越漂亮啦！”她惊了一下，似乎想到了谁，脸红了。我干脆直奔话题：“你是不是喜欢那个谁？”小清呆住了，沉默良久，她向我吐露了心声：校艺术节，我班的艺术才子小许在舞台上深情演绎的吉他弹唱，将小清的心带走了。“老师，我也不好意思主动找他说话，最多就是平时找借口问他作业什么的，而且他也不怎么搭理我。可能过段时间我就……不再喜欢了。”——哦，原来是暗恋啊。

看着她暗淡下去的眼神，我心想：都说得不到的才是最想念的，这样下去可不行。我说：“同学交流有什么不好意思？再说了，谁没青春年少过，老师明白你的感受，这再正常不过了。”她听了我的话似乎有些感动，我趁热打铁：“按照老师的经验，现在这个年纪的男孩子，你要是突然变主动，他反而会有所防备。就算你再好，他也看不到，是吧？”小清有些着急：“那怎么办啊？”我笑了：“最快的办法就是，我来当你的军师，给你出谋划策。”她呆了：“老师你在开玩笑吧？”我笑了：“我来创造条件让他注意你！你可以好好了解一下他，看看自己到底是真的喜欢他，还是一时的好感。”她说：“老师，我该怎么做？”看来鱼儿“上钩”了，我继续说道：“想让他注意到你，最好的办法就是你当众出彩。你字写得好，先从这儿入手。”

过后，我委派小清为班里的板书记录员，班级的课表、宣传栏、黑板报，处处都留下了小清的字迹。我会隔三岔五当众表扬小清的字写得好。同时，在我的“怂恿”下，小清参加了诗文朗诵比赛和书法比赛，并加入了学校礼仪队。一个月后，我问小清进展如何，她摇了摇头，表示仅是与小许的交流比以往多了些："看来我还是没能优秀到足以让他记住我。"接着我又给她下了剂"猛药"——我安排她在校庆时代表班级跟小许上台表演唱歌。小清的"小宇宙"被激发了，苦练了几个月。上台前那一刻，小清紧紧抓住我的手，她的手心里都是汗。我不知道她是因为紧张，还是因为跟小许同台而激动。

表演结束那晚，小清发微信告诉我，她不打算跟小许表白了："老师，我发现其实自己并没有那么喜欢他，可能只是当时的一个念想。经过这几个月，我释怀了，谢谢老师点醒我。"

十几岁的年纪，情窦初开很正常，围追堵截、苦口婆心，有时会让学生走向另一个极端。作为教育者，倾听理解、引导陪伴，往往能让学生正确面对爱、学会爱。

失恋者联盟

这年冬天，大飞又失恋了。据说他和班里的两个男生一起追求心仪的女生，屡战屡败，成为年级的笑话，大家都在背地里叫他们“失恋者联盟”。

有天晚上他们偷偷翻出学校围墙，来到了网吧。他们万万没想到，班主任居然出现在网吧里。

回来的路上他们战战兢兢，三人坦承，是因为大飞的表白又被拒绝了，于是计划去网吧发泄一下，看看偶像黄渤拍的电影《泰囧》。我冷冷地看着他们：“你们这个联盟也是‘太囧’，失败那么多次不丢脸吗?”大飞低着头沮丧地说道：“我不够帅，也没钱买礼物，现在的女孩子都很现实。”他满脸涨红，有些小激动，我顺着他的话因势利导：“黄渤没你们帅吧，林志玲还叫他‘男神’呢?”此时此刻，我没有跟他们讲太多规章制度，而是启发他们要像偶像一样学好一技之长，有自己的作品，将来有一定的经济基础和社会地位，才能获得异性的青睐。我看到他们若有所思，似乎有所触动。

作为逃课的“惩罚”，我给他们报名了学校技能节的演讲比赛，我亲自训练。到了比赛那天，三个孩子都没来。我知道他们喜欢打篮球，就替他们报名了学校的三人篮球赛，天天陪他们练球，结果小组赛就被淘汰了。我布置给他们的任务，不是没完成就是敷衍了事。唯一让我欣慰的是，这段时间三个孩子都忙起来了，很少提起追求女生的话题。

两个月后，就在我几乎要忘记这件事的时候，一则动画广告成为校园话题。原来大飞他们组建了学校的动漫社，吸引了很多的同学加入，他们在专业老师的指导下，合力做了几段动画广告片，参加本市的公益广告选拔，最终有一部作品被本地电视台录用了，他们的作品在学校和本地电视台循环播出。我从没想过大飞居然会配音，没想过中职生的作品还能被电视台认可，更没想到三个调皮的孩子成了班级的骄傲。当我以为我所做的一切都是徒劳时，是这些孩子又给了我用心做教育的信心与动力。我也在反省自己，我是不是和曾经的他们一样急于求成？在教育的道路上我是否储备了足够多的专业知识，具备足够好的心理素质？

我问他们三个："现在有没有女生叫你们'男神'啊？"三个男孩子居然一起对我"比心"："大哥，谢谢你没有放弃我们，在别人嘲笑我们时你还给我们机会，在我们心中，你就是'男神'！"

青春期的孩子对异性、对爱情产生朦胧的期待，是不可避免的。老师如果做凛冽的北风，也许能吹倒"校园恋爱"这朵娇嫩的玫瑰，但是却吹不断孩子们对恋爱的好奇和想象。帮助他们站在更高的人生平台上，他们才会看到原来生命中还有友谊之花、兴趣之花、奋斗之花，那一株玫瑰并不是唯一。身为老师，我不敢说完全了解孩子的心，但是播下希望的种子，就有花开满园的期待。

后进转化篇

未来，我们有个“约会”

人们常把教师比喻为蜡烛、园丁、人类灵魂的工程师。但我认为，教师更是学生成长道路上的引路人，引领着他们去实现心中的梦想，帮助他们更好地和未来“约会”！

2012年，我迎来了工作生涯中的第二届学生，按部就班地做完迎新工作，班上的一个女生引起了我的特别关注。她叫小文，第一次见面就彻底颠覆了我的认知：一头金黄的小卷，涂得鲜红的嘴唇，垂到肩膀的夸张耳环，惊讶到让我质疑她的学生身份。通过后来的观察，我发现她性格非常倔强，而且脾气不好，在课堂上也经常我行我素，“成功”地引起了班上所有科任老师的反感。

面对这样一个棘手的女孩，我曾一度苦恼，不知道该如何去转变她。记得那是一次社团课，一向对我这个班主任唯恐避之不及的小文，竟然报名参加了我开设的油画社。课上的她一改往常的懒散，并在课后交上来了一份让我着实意外的作品。那一刻我才发现，在我眼中“一无是处”的小文竟然在美术方面有着如此过人的天赋，并且她电脑操作也非常熟练。

契机在那一刻到来了，我心里暗暗决定，一定要改变她。我开始慢慢走近她、鼓励她：“好好努力，学校马上就要举行PS大赛了，到时候我推荐你去参加。”听到这话，她一脸诧异，第一次被老师如此重视，她掩饰不住内心的激动。在之后的班级活动中，我也给予她更多的机会，并且把黑板报工作全权交给了她，多次黑板报的获奖也让她越来越自信。慢慢地，她的眼神有光了。

到了PS大赛的时候，我毫不犹豫地推荐了她。在我看来，这次比赛，比成绩更重要的是点燃她的信心，点燃她的希望！

接下来的两个月，她全身心地投入了备赛。比赛结果很快出来了，她竟然拿了PS技能大赛的二等奖！在得知消息的那一刻，我看到了她眼中的泪水，至今我仍然记得她拥抱着我，在我耳边哽咽的话语："老师，谢谢你让我重生！"

小文的职中生活也从此改写，她变得开朗了，性情也越来越温和。在第二年的技能大赛中她拿到了一等奖！

我趁热打铁，在专业课老师的帮助下，和她制定了一份专业学习规划。好强的她告诉我，要在两年之内把电子商务的所有专业课程学到最好，要利用在校时间拿到PS的高级证书。她说："老师，我和未来有个'约会'！"从此以后，我经常看到她在电脑房默默用功的身影，看到她对自己要求的精益求精，为了追求图片的完美呈现效果，她会放弃午休，一头扎进机房。就这样，她成了班上第一个拿到PS高级证书的学生。在用人单位的招聘面试中，她被学生们都心仪的某知名平面设计公司所录用。如今，才毕业三年的她，已经晋升为公司技术部主管。今年教师节她回校看我时，又告诉了我她的宏伟蓝图：在要五年之内赢得部门经理一职。看着自信满满的她，我欣慰地笑了，我相信她的话，也相信她的未来一定会很精彩！

教师的工作是辛苦的，然而收获却是甜蜜的。已经工作十多年的我，会经常收到学生发过来的各种感谢信息，看到他们终于"约会"到成功的自己，我甚是欣慰，也更真切地感到教师工作的神圣和伟大。我愿永葆初心，无怨无悔地做学生成长道路上的引路人！

"琪神"的蜕变

作为新手的我，年轻气盛，自信满满，总觉得没有自己搞不定的事。很快，我就遇到了一位怎么也搞不定的学生。

高一新生报到，小琪身穿紧身T恤、超短裤，看着她那张犹如打翻了五彩颜料盒的脸，我心中嘀咕：看来我班来了个"难搞定"的学生。

果不其然，才第一周，班干部就对她投诉多多：课堂上大声起哄、上课睡觉、不催绝不写作业……同学们"亲切地"给她起了个外号："琪神"。找她谈话，她总是敷衍："知道啦，老师，一定改、一定改。"可一转身，该怎样还是怎样。某天班长告诉我："老师，小琪失踪了！"我吓得半死，找遍整个校园，终于在篮球场上找到两眼发光看得正爽的她。我火冒三丈，威胁她要见家长，她丢下一句"随便你"，便转身离开。

看到她油盐不进的样子，我感到一股深深的挫败感：难道除了见家长就没有其他办法吗？我想起美国心理学家威廉·詹姆士说过："人性中最本质的东西，就是希望得到别人的赏识。"经过私下调查，我得知小琪热爱篮球，初中的她是镇上的女篮队队长。于是我心生一计，打算以篮球赛为突破口，帮助小琪改变。

我把小琪的情况反馈给级长，并请求帮助。征得级长的支持后，一场班际女子篮球赛轰轰烈烈地展开了。在我的精心引导下，小琪作为队长代表我班出战。过五关斩六将，我班顺利杀进决赛。决赛那天，我把全班同学拉到现场给她们加油打气。这次，我们碰到了劲敌，对方实力强劲，防守严密，我班打得非常辛苦，而小琪也在一次碰撞中膝盖严重擦伤。简单包扎后，她不顾同学们的阻拦，重新回到了赛场上。比赛仅剩最后一分钟了，想要赢得胜利还需要两分。这时小琪爆发了，她一把截断对方的球，像脱缰的野马，再次冲到对方篮下，投球，哨响，比赛结束，所有人的心悬在半空中，紧紧盯着空中的那一球——进了！场外沸腾了，班里的同学们兴奋地齐声大喊："琪神，好帅！"我一把抱住小琪，满脸笑容对她说："干得漂亮！坚韧不服输，老师佩服你！"她眼里有些许泪光，大声说："谢谢老师！"

赛后，我把比赛照片制成电子相册在班里的总结会上播放，并重点表扬了小琪。会后小琪找到我，聊了很多。原来小琪也想过改变自己，只是她的自控力实在太差，很容易受到外界诱惑。商讨良久，我跟她达成一份“约束协议”。按照协议，小琪在班长的督促下要每周完成相应任务，交由班主任检查。在协议、班长、老师三方的日常“威逼利诱”下，“琪神”在慢慢蜕变。

小琪的蜕变让我明白，教育学生若还停留在逆耳忠言、强权压制的观念上，就落伍了。学生们个性鲜明，他们身上都有自己的闪光点，需要我们去挖掘。我们应适当地用上糖衣良药，一句表扬、一个微笑就是激发学生奋发向上的强大动力，他们建立了自信，获得了尊重，对待各种事物的态度就会变得更加用心。在今后的工作中，我将牢记“尊重天性，树立信心”，努力练就一双慧眼，发现每位学生身上的闪光点。

“威逼利诱”，让“成长生命值”永不清零

班上的小涛上课除了睡觉还是睡觉，作业、劳动从来不做，曾因学风评定连续降级，期末所得学分只有10分，迟到、旷课是家常便饭。把他叫到办公室批评教育，他会保证不再犯。但不出几天，依然我行我素。联系家长，家长说小涛在老家就因打架斗殴被学校处分，周末经常进出娱乐场所，抽烟、喝酒，父母很无奈，只能放任自流。本学期小涛想休学，但无法办理休学证明。说句心里话，从班级管理的角度，作为班主任，我真心希望他能自动退学；但从为人父母的角度，我诚心希望他能留在学校。纠结间，我看到了一则令我深思的故事：一位诲人不倦的禅师，没有因为弟子行窃恶习难改而将他逐出师门，其他弟子不解，禅师说：“这位徒弟连是非都分不清，如果我不教他，谁来教他?”禅师海量宽容的一席话，涤净了行窃者的心灵，也让我幡然醒悟。如果把小涛过早地推向社会，岂不是把他和他的家庭推入深渊吗?我开始寻找小涛身上的闪光点：他想休学，证明他还不想脱离学校；为了加操行分，他硬是用垃圾夹子把后墙高处那八颗有碍班级文化布置的钉子拔了出来；学期初补考时，他原本因故请假，但仍然回来补考……这不都说明他还是孺子可教吗?

既然休学办不成，那就把他“逼”回来吧。在他因故请假三周后回校的那天，我请家长来校，郑重其事地填了一份退学申请表，让小涛和家长签了名，只空出日期。我告知他们，如果小涛旷课达到90节，我就把申请表交教务处做退学处理。签了“生死状”后，小涛还是会旷课，他每旷一节，我就提醒他还有多少“生命值”。到了还剩4节课的“生命值”时，他慌了，问我怎样才能“充值”，我说“得看你的表现”。后来我看到他把我们的谈话截图发到朋友圈，我知道这招管用了。其实小涛回来后，确实进步了：在学习小组的帮助监督下补齐作业；上课睡觉问题也有所改善；迟到、旷课大大减少，到“生命值”所剩无几时，就不旷课了；为了加德育分争着倒垃圾、拖地。我及时把他的表现反馈给家长，及时在班上表扬他。我给他许诺，如果一周没有迟到、旷课，作业按时完成，就给他增加2个“生

命值”。

就这样，在“威逼利诱”下，小涛慢慢过上了正常的校园生活。而我也从小涛的经历中真正领悟了教育家雅斯贝尔说的“教育中对百分之一的学生的放弃，意味着某一个家庭百分之一百的失望和悲伤”。这让我更坚定“民主教育意味着不放弃任何一个人”的教育信念。也让我更坚信，只要有一颗爱学生的心，给问题学生多点机会，降低门槛，“威逼利诱”，一定能让他们的“成长生命值”永不清零！

认知疗法＋系统脱敏＝神奇反应

每年金秋九月，学校迎来一批新生，我也迎来一批“适应不良综合征”学生。

小雨就是这个症候群中的一员。“在这里，我第一次住校，第一次长时间离开父母，有时候别的同学说悄悄话，我总认为他们在议论我、针对我，我每天都过得很辛苦，经常感到孤单。我也努力尝试乐观起来，但一遇到事情，那种糟糕的感觉又回来了……”我收到小雨的来信，立刻约她来做“MHT学生心理检测”，发现她的量表总分偏离正常，其中对人焦虑、自责倾向、过敏倾向等5个因子分数都超过正常值。

综合分析之后，我决定结合认知疗法和系统脱敏疗法，逐步构建她合理的认知体系，慢慢消除小雨的人际交往恐惧。

生活中我们每天都在听，但真正的倾听不单是用耳朵，还要用眼睛，这是一种对他人接纳和尊重的态度。在谈话时，小雨的眼神不正视我，身体在扭动，总是似听非听的状态。我接纳这一切，并不急于改变她的这些不适行为，不管她有什么特别举动，我始终用关怀的眼神向她传递鼓励、理解的信息。毕竟多年过于严格的管理、饱受批评、中考失利等负面经历让她自我评价较低，自卑感较强。

慢慢地，小雨接收到这种积极力量，开始和我有偶尔的眼神交流，开始向我倾诉她的烦恼，例如和周边的同学争吵。

“后面那几个男生总笑话我。”她气愤地说。

“我遇到这事，也会不开心。”我运用共情引导她，“那几个男生是只笑话你，还是也笑话别人?”

“也会笑话别人，但没笑话我多。”

“你觉得是什么原因呢?”

“他们就爱笑话人，我坐在他们前排，跟他们接触得多。”

“想象一下，如果离他们远了，他们还会经常笑话你吗?”

“应该不会这么多了。”

“他们笑话你并不是因为你有什么不好，而是因为他们本来就喜欢笑话别人。”我真诚地注视着她。

她若有所思地点点头。

“你容易把原因归结到自己身上。如果你重新理解一下这件事，他们不是因为你不好才笑话你，你心情会不会好一点？”

这次她看我的眼光在闪烁。

经过建构恐惧事件等级、想象放松训练，小雨有很大进步，但在生活中还是有些恐惧。我决定将想象情境转移到现实中去。

转眼间冬天到了，我摸摸小雨的手，问她冷不冷。她没有像以前那样躲开我的目光，而是笑笑地看着我。我知道时机到了，于是和她约定进行室外练习。

我模拟焦虑等级中的第5层——老师朝自己走来的情景，从走廊上十几米远的柱子后面走出来，让她练习注视我。当她能坚持几分钟不把目光移开时，我慢慢缩短距离，增加难度。她多次想中断，我不断暗示她能做到。最后，我终于站到她对面，和她相视而笑。

之后，为了强化效果，我带她去找班主任、宿管聊天。经过一段时间系统脱敏练习，她逐渐摆脱了人际交往恐惧，开始尝试参加学生会活动和学校比赛。后来顺利考上理想的大学，从事喜欢的工作，成为勇敢追逐梦想的女孩。

“清晨，你好！我要在东莞最高楼里开始新一天的工作了！”当我看到她发的朋友圈时，经常想，心理问题并不是绝症，学生在成长道路上总会有疑惑、有困难，有温度的教育就是帮助他们从冰冷重回阳光，拥有美好的生活。

大白的一句话

大白是我新接手班里的一名学生，胖胖的、脑袋圆圆的，因外形很像卡通片《超能陆战队》里的大白而得名，他经常上课睡觉，也不爱搭理人。

一天下午我在讲课，大白又趴桌上了。我敲了敲课桌，他睡眼蒙眬地抬起头，用肉肉的手撑起了脑袋。但是不一会儿，又趴下了。我示意同桌把他叫醒，他勉强把大脑袋撑了起来，小小的眼睛却是闭着的。

下课后我把大白叫到了办公室，但不管我说什么，大白都始终双手揣着口袋，“呆萌”不语。我出现极大的挫败感，于是很情绪化地说了一句：“这样下去你很可能就是社会败类、渣滓!”这句话说出去，大白有了反应，低声回了句：“你们都这样。”眼神里充满了怨恨。

当晚，大白加我微信，我回了他一个笑脸，问他为什么会说“你们都这样”这句话。过了好一会儿，手机上出现一段文字：“初中时我成绩很差，班主任每次批评我，都说我以后是社会渣滓、败类。而且他怕我影响升学率，没有让我参加中考。”原来如此。短短几行字，让我震惊、羞愧。

此后，我对大白额外多了一份关注。他虽然不太爱说话，但我发现他对数码产品很感兴趣，键盘操作技能也很厉害。我就有意识地把自己订阅的一些数码杂志给他看，还推荐了一些公众号给他。小家伙进步神速，不久自学成功，帮班里同学修手机、装系统，还被班里同学誉为“数码技术达人”。我趁机又让他担任班里的多媒体管理员。就这样，大白在同学心目中位置越来越高，脸上的笑容也越来越多，上课也很少睡觉了，对专业课也越来越喜欢，还考到了一系列技能证书。毕业时大白凭借过硬的专业技能，被深圳一家大公司聘为 SMT 维修技术员。他工作挺忙，但还是经常用微信和我聊天。

2015 年教师节，我破天荒收到大白的煽情短信：“老师，你是我最好的朋友之一，谢谢你，节日快乐。”

收到大白的祝福，我感慨万千。对于千千万万像大白这样的孩子，只要我们加以引导、教育、帮助，他们就会成为社会的主体、中坚！

我也想谢谢大白，谢谢他推动我，更新教育认知系统、操作系统。

作为一名班主任，曾经的我太过心急、太过粗鲁。人与人千差万别，各有禀赋，都是不一样的。“你们都这样”这句话将时刻警醒我。

作为一名班主任，要尊重个体、尊重差异，宽厚仁爱地做每个孩子的导师与朋友，帮助他们拥有出彩的人生！

迟到专业户的蜕变

新学期开学第一天将举行全校第一次升旗大会，为了让每一位同学都准时到达会场，我在班微信群反复强调，务必准时到场。我自信地认为作为会计班学生应该自觉性较强，不用过多操心。然而，“理想很丰满，现实很骨感”，当所有同学集合完毕后，小梅不仅姗姗来迟，还没穿校服。正当我想批评她的时候，她却先找借口来解释她的行为，还满脸诚意地说：“老师，对不起，下次我肯定会准时到达的。”看到她的态度，我也不好继续批评，只是口头教育一下，希望她能改正错误。

然而，接下来的一个月，小梅几乎每天早上都迟到，而且她的缺点也慢慢浮现出来：上课不专心听讲，带头违纪，经常找借口掩饰自己的错误。为此，我经常对她说教，试图以班规校规来约束她，甚至通过物质上的奖励来鼓励她改变。各种办法都用尽了，但她还是老样子，完全不为所动。面对这个迟到“专业户”，我无计可施，甚至有点厌恶她。

接下来，在校运会准备阶段，我惊奇地发现小梅的另一面——她积极参加各项比赛，不仅报名参加长跑、接力等项目，而且主动组织同学准备校运会入场式。从校运会开幕式的形式到道具的准备，从人员的调选到节目的编排，她都亲力亲为。为了让入场式能精彩纷呈，不会跳舞的她通过网络自学舞蹈，还热情地教同学们跳舞。

面对班上同学的不配合，她曾伤心落泪，向我请教。我适时抓住这个教育契机，用心地教导她：“小梅，我知道你很想为班级做贡献，班上同学不配合，我也能体会你的难过之处。但你想想，你经常违纪，其他同学在背后也会说：‘小梅连自己都管不好，凭什么我们要听她的，凭什么？’对吧，如果要众人听你的意见，首先要做好自己，在行动中做出典范，别人自然而然会接受你的意见。”听完我的话，小梅若有所思，过了好一会儿，她说：“老师，我明白怎么做了。”接下来，小梅同学慢慢地改变自己，迟到次数越来越少，上课注意力也集中了，还养成了不懂就问的习惯。曾经对她的管理不配合的同学，也慢慢地开始服从她的管理。在她的带领下，我班在开幕式表演中取得校一等奖的好成绩。事后，小梅深有体会地跟我分享："老师，我发现你说得对。想得到别人的认可，首先要改变自己，让自己变得更优秀。我会努力的。"

后来，小梅顺利地圆了她的大学梦。在教师节那天，我收到了她寄来的明信片，看到她明信片中的留言，我感慨万千。千千万万像小梅这样的中职生，他们身上虽然有很多不足，但只要我们多给他们一些爱和鼓励，多给他们一些宽容和理解，他们就可以成就出彩的人生！

我知道，你想有个家

新学期由于工作调整，我负责新生年级，这些学生里最特别的应该就是阿城了。

开学第一天，他就公然在宿舍抽烟，此后屡屡在宿舍吵闹、打架，军训时到处乱跑，不服从管束……年轻的班主任老师在军训第二天就被他气哭了。于是我只好出马，找他谈谈。他站在我面前，脸上带着些稚气又露着邪气，一副无所谓的神情，不像其他初进校门的孩子带着紧张与害怕。我先问他的家庭状况，他直截了当地告诉我，他爸妈都没有固定职业，沉迷于赌博，家里根本没人管他。接着，还不等我问，他就一股脑儿地把他的过往全告诉了我：他爸爸的脾气很暴躁，经常喝醉了就打他；妈妈倒是挺操心他的学习，但更多的时间都用在了和爸爸吵架上。他经常跟村子里、社会上的一群不良少年混在一起，打游戏、抽烟、打架，上小学时是令老师最头疼的人物。讲完了这些，他甚至有些得意地说："老师，我都不知道你们紧张什么，简直是小题大做，我现在比以前好多了。你也不用跟我讲道理，其实道理我都知道。"

他的话让我哑口无言，我内心翻腾着怒火，同时感到他的问题很棘手："他的原生家庭造成的问题哪能一下子解决呢？但也不能放任不管吧……算了，聊聊看他有没有在意的、喜欢的……"于是，我又问他假期除了和那些不良少年混在一起外还做些什么，他很不耐烦地说："不就是吃饭、睡觉咯。"我耐着性子问："那你总得动一动、消化一下吧？"他说："那就去舞狮队咯，在那动得多，也只有在那里才不那么烦。"

我灵光一现，仿佛在黑茫茫的大海上看到了一盏灯。于是，我很谦虚地问："舞狮难不难啊？任老师很喜欢黄飞鸿，觉得舞狮好帅，可一直都没亲眼见过。"这下，阿城的话匣子被打开了，他跟我讲了很多舞狮队的事情，讲了他为了学舞狮吃了多少苦。不知不觉就聊到了午饭时间，我对他说："走吧，中午和我一起吃饭，边吃边聊。"他这时突然难为情起来，说："不了、不了，我回去吃泡面，我的饭卡丢了！”我说：“走吧，没关系，这顿我请了！”

其实那天午饭间没聊多少舞狮队的事情，倒是我跟他讲了很多来到新学校要珍惜机会，有什么困难可以找我帮助之类的话。我发现阿城很平静地听着，似乎听进去了。

当然，教育转化学生没有那么简单。阿城还是照样惹事，我也经常找他谈话。谈得越多，我越发现阿城其实是一个聪明的孩子，如果他生在一个幸福美满的家庭，他应该很优秀、很懂事，他很想有一个像别的同学一样的家。后来，我约了他妈妈到学校沟通，他妈妈确实很关心他，但也看得出这个被债务、家庭折磨的母亲很难在阿城的教育问题上投入太多精力。我想，那就只能靠学校、老师、同学了，我们要尽可能地给他营造一个温馨、和谐的像家一样的环境。

于是，每晚巡查宿舍我都要去阿城的宿舍看看，跟他聊两句。后来形成了一种习惯，我总是习惯性地走到他们宿舍，他也很自然地出来跟我聊聊。他没有惹事，我会表扬他；他犯了错误，我又会批评他……反反复复，好像一场马拉松。不过他的神情越来越平和，不管我说什么他总会边点头边安静地听。

有一天晚上我去巡查宿舍，在路上碰到他，他居然主动跟我打招呼，“抱怨”我这么晚了还去“骚扰”他们。我瞪着他脚上不合规范的鞋子，他马上摆摆手说：“原来的鞋子湿了，我马上换、马上换。”然后就一溜烟地跑回了宿舍。月光下，我放下佯装生气板起的面孔，心里忽然酸酸的，我在心里默默地说：“孩子，其实你很棒，我知道你只是想有个家，我会尽我所能，给你一个温暖的家……”

“天使”在人间

小霞像一个“小天使”，天真烂漫，无忧无虑，甚至有点“没心没肺”，偶尔批评她做事不够仔细，她就扬起无辜的笑脸，跟我保证：“老师，我下次再也不会了！”

初一开学大概两三个月的时候，小霞的姑姑突然帮她请假，之后又要求多请几天，问及理由却又不肯明说，只是说家中有事。我的心里便有些惴惴不安，隐隐觉得应该是颇为棘手的事情。

日子一天天过去，小霞依然没有回来。冬天到了，一天，我下了晚修回到家，已是一身寒气，这时手机响了，电话里传来的是一个女人焦急的声音，竟是小霞的妈妈。直到这时，我才知道有一场如此不幸的变故降临在这个小女孩的身上。原来，就在前不久，小霞的父亲突发心脏病，猝不及防地离开了这个世界。和父亲离异的母亲远在外地，继母又要照顾出生不久的妹妹……电话那头的小霞妈妈还在讲述，电话这头的我已是大脑一片空白，这样一个稚嫩的肩膀该怎样承受这样一记命运的重击？

新年将近，小霞回到了班里，眼圈红红的，人黑瘦黑瘦的，话少了很多。我悄悄地跟学生打听她在宿舍的情况，宿舍的同学告诉我，她虽然白天努力装出一切正常的样子，但晚上常常躲在被子里哭，宿舍的同学都不知道发生了什么，也不知道怎么劝解。两个星期过去了，小霞越发消瘦了。我带着一本奥黛丽·赫本的传记《天使在人间》去找她：“老师送你一本书，看看吧，挺好看的。”她有些不情愿，先说没心情，又说没时间。“没关系，反正这本书里文字也不多，更多的是图片。有心情时就看看，看到哪里算哪里。”她终于点点头，接过了书。让我意外的是，过了两天，她就找到了我，但只说了一句话：“赫本好伟大！”我笑了，冲她点点头说：“她还很漂亮啊！尤其是她笑起来的时候，所以大家都说她是人间的‘天使’。”打开了话题，我告诉她我已经知道了她的情况，我愿意分担她的悲伤，尽力帮助她走过这段艰难的日子。我告诉她：“你要记得，不管遇到什么事，你的身后都站着任老师。”或许是我坚定的语气打动了她，她哭着点点头，然后对我说：“老师，谢谢您！我一定会坚强！”

之后，每天看到她，我都会主动问问她的衣食和学习；她快过生日了，我和宿舍的同学提前做了策划，为她搞了一个范围很小却温馨的生日聚会；开家长会时，我提前告诉她所有的内容，告诉她我就是她的“代理家长”，所有家长会要签收的材料，我都提前做好审核，签上我的名字；她的成绩下滑得厉害，我安排班上的同学帮她辅导功课……我要感谢我班里的所有同学，没有人说破，大家好像都不约而同地知道我们该做什么。渐渐地，小霞的话多了起来，脸色红润了不少，熟悉的笑容也挂在了嘴角上。

又是一个暑假过去了，我询问她为什么不愿意回到妈妈身边去读书。她告诉我因为妈妈已经重组了家庭，也很辛苦，自己不想再给妈妈增加负担。况且还有继母和幼小的妹妹需要自己照顾，丧子的奶奶也需要自己时时安慰……谈完话，她走了，我站在走廊上，阳光暖暖的，我的眼睛湿润了。如果说之前我所做的都是出于怜悯、同情和关爱，从这一刻开始，我对小霞更多的是尊敬与感动。

那天，我很开心，我看到一棵幼苗短短时间就长成了参天大树！我要谢谢她，她让我懂得了如何勇敢地迎接命运的挑战，用微笑战胜悲伤，用爱和责任温暖世界！

她毕业后发微信告诉我说，新学校的老师和同学都很好，有好多好玩的人和事，每条信息后都带着一个欢笑的表情。看着看着，我就想起初见她时那天真烂漫的笑脸，我就感到“天使”在人间……

爱伴成长，静待未来

“有爱才有教育”，爱在于亲近与鼓励、关注与支持、欣赏与期待、信任与激励中。作为班主任，关爱学生则需要成倍的爱心。

小依是一个有组织号召力的孩子，军训时组织同学给教官唱送别歌、凑钱买礼物、指挥男同学抛高教官；教师节组织同学买礼物；中秋节时组织中秋联欢会。

她人长得漂亮，字也写得漂亮，开学后毫无悬念地当上了班长，不久又进了学生会、广播站、话剧社和礼仪队。参加朗诵比赛，她反复诵读至声音嘶哑；参加书法比赛，她反复誊抄至无可挑剔；参与话剧社演出，她反复演绎至惟妙惟肖；舍友不小心摔倒，要去医院缝针，她跟着忙上忙下……我庆幸班上有这样的学生。

但，就是这样一位谁见了都竖起大拇指的学生，第二学期却让我措手不及。

任课老师反映她上课睡觉；纪律委员反映她作业不交，上课玩手机并借故缺勤；宿管说“小依在寝室抽烟不是一两次”。我找寝室的同学了解情况，结果她们扔给我一个更大的“炸弹”：小依多次在查寝后，化装打扮混出学校，夜不归宿。

我马上找小依促膝长谈，她向我敞开心扉：本来一家人在东莞生活，为了让弟弟考好的初中，妈妈带弟弟回老家生活，她也想回老家考高中，但父母认为女孩子读职中就好。慢慢地她就无心上学，经常旷课，进出娱乐场所，学会了抽烟，成绩直线下降，最后如父母所愿考上职中。她本想在职中做出成绩让父母认可，但无论做得多好，父母都不关心，这让她充满挫败感，就故态复萌。

我随后跟她父亲汇报情况，他父亲反应很冷淡，但答应会配合班主任工作。接下来我一方面跟小依说她父亲对她的表现很是欣慰，只是不善于表达；另一方面时不时以她父亲的口吻编辑肯定鼓励的信息，让她父亲转发给小依。小依感受到家人的关心和肯定，表现正常了一段时间。

在一节班会课上，小依突然出现气喘、抽筋的状况，我把小依送到医院，经过检查，医生说有可能是压力大引起的。我建议她回家休息，但她不同意。我告诉她父亲，让她父亲坚持给她发关心的信息。

新一周回校后，我发现很多同学都在疏远她，我以为是她发病的缘故，就支开小依，跟同学们说明情况。谁知，这一说，班里炸了锅，同学直接说她“两面派”、她“活该”，在同学们的眼里我看不到同情。后来调查发现，由于小依在管理班级时比较独断，而且又有抽烟、夜不归宿的行为，引起了同学的不满，有些初中时认识小依的同学把她之前的不良行为绘声绘色地在班里宣传，导致她在班级里威望极差。

这下可好，本来打算让同学帮助她调整心态，结果引发了更大的矛盾，矛盾的直接结果是晚上十点多小依又发病了，还伴有剧烈头痛。值日行政和宿管队长合力将她送到医院，我和她父亲随后也赶到医院，我严肃地跟她父亲说了她的心理问题。之后，我建议小依回家休息两天，我要处理班上同学排挤小依的事情。

第二天，我把前一晚的情况和医生的诊断跟同学们做了详细介绍，我问大家是不是想永远失去一位同学，同学们沉默了。最后我让同学们在周记上写出小依的优缺点和希望她能改进的方面，同学们都写得很认真。小依回校后，我让她在办公室看同学的周记，让她知道自己哪里做得不够好。同时，我逐个宿舍去跟同学沟通，化解同学和小依之间的矛盾，让小依能重新融入班集体中。最后小依承认了自己的不足，慢慢地得到了同学的谅解。小依回到了班集体中，再没有发过病。

这件事过后，我想，只要我们以爱心来对待学生，多一分尊重，多一分理解，多一分宽容，善待每位学生，相信学生未来的辉煌，就在我们的无限热爱中。

让阳光照进心灵

2015 年 9 月，我开启了梦寐以求的教师生涯，同时踏上了班主任的坎坷之路。初出茅庐的我，有这样的一个想法：严师出高徒，我必须严厉点，才能镇住学生。

开学不到两个星期，班上的一名女同学小颖便开始旷课。我找她来办公室，狠狠地骂了她一顿，并让她承诺以后不再逃课，否则将重罚。我本以为她会有所畏惧，但是现实狠狠地“打”了我的脸。一周后的晚自习，她再次玩起了“失踪”。几经周折，我在学校对面的奶茶店中发现了她的身影。我黑着脸把她带回了办公室，火冒三丈的我对她又是一顿狠狠的训斥，并准备电话通知家长明天来学校。看着她渐渐发白的脸色，我心里窃喜：“这下你该怕了吧！”当我准备拨通她妈妈的电话的时候，她突然捂着肚子蹲下来，额头上不断冒出冷汗。我连忙挂了电话，问她：“不舒服吗？”她看了我一眼，犹豫了一下说：“胃痛，老毛病，死不了。”我着急地说：“马上去医院，我给你爸妈打电话。”她拉着我的手，冷冷地说：“不用打了，反正他们也不会理我，我自己去就好！”我还是坚持给她母亲打了电话。出乎意料，电话那头传来了一顿嘶吼：“活该，她自己作的，我没空，以后她有什么事不要找我！”便挂断了电话，我又给她父亲打电话，但无人接听。我很气愤，竟然有如此不负责任的父母！我陪她去医院，挂号、缴费、拿药、打点滴……我忙碌地穿梭在医院的各个角落。当我把药和水递给她的时候，她抬起头，哽咽地对我说：“老师，真的很感谢你。一直以来，我都觉得自己是没人要的孩子，在家、在学校都感受不到温暖……”听到这段话，我内心深处有一种说不出的滋味。我明白教育不应千篇一律，一味地训斥只会把学生推向远方。我对她说：“小颖，老师粗暴的话语伤害了你，老师真心向你道歉。”在医院，我和小颖进行了一次坦诚的交流，了解到她父母离异，他们姐弟三人由母亲抚养，父亲对他们不闻不问。母亲重男轻女，从来不关心她，总是忽视她、训斥她。父母的不关心，老师的不理解，让叛逆期的她染上了许多坏习惯：逃课、顶撞老师、吸烟、离家出走……

教育家陶行知说过；“培养教育人和种花木一样，首先要认识花木的特点，区别不同情况给以施肥、浇水和培养。”我发现小颖爱唱歌，便让她带领同学参加各种文艺节目表演；我发现小颖组织能力强，便让她负责班级的文体活动……从那以后，小颖变成了另一个人，她不再逃课了，对老师也变得有礼貌了，和家人相处变得融洽了……高二分班前的晚会，她抱着我哭了。当晚她在朋友圈里发了这样的一条信息：“谢谢您，老师！You are my sunshine!”

让阳光照进心灵，我们感受着彼此最热烈的心跳；让阳光照进心灵，我们灿烂地微笑；让阳光照进心灵，把温暖传递到心灵深处，融化内心的冰山，绽放生命应有的生机和活力！

进退之间的艺术

人们常说：带班是一门艺术。在班主任工作中，不能因循守旧，墨守成规，面对不同特质的学生，教育的方法也应该多样化、新颖化，有时候不按照常规模式来进行，逆向思维，以退为进，往往会取得意想不到的效果。

我所带的班级转眼已经升入了高二，而小黎却依然三番五次迟到，开学不到两周，已经迟到了四次。看着无精打采的他，我火冒三丈，叫他来到了办公室，心里想着，必须停学一周，让他吸取教训。

望着怒气冲冲的我，小黎低下了头。

“今天怎么又迟到了？”我有点不耐烦。

他显得有点害怕，很小声地回答：“早上起不来，搭不到校车。”

“晚上几点睡？怎么会起不来？是不是睡太晚了？”我的声音开始大起来。

“大概12点睡的吧，也没有太晚。”他显得很不自在。

“12点还不晚？搭校车要6点左右起床，你12点睡还不晚？”我越说越激动，但看到他惭愧和自责的样子，我又生气不起来了，稍微调整片刻，我又问他：“晚上干吗去了？这么晚睡。”

他眼睛不敢正视我，小声说：“也没干吗，就是睡不着。”

我当然不会相信他的话，通过向他父母了解，原来他在家每晚玩电脑游戏，他爸妈多次劝说也不听，所以只好由着他了。

他的谎言被当面拆穿了，一时之间，我们就这样安静地面对着。

过了几分钟，他首先开口了，很诚恳地对我说：“老师，你处分我吧。”看到他态度诚恳，我的语气变得温和起来：“你这样确实让我很失望，你的行为早已达到受处分的程度了，如果老师想处分你，早就处分你了，不会等到如今。老师一次次给你机会，而你一直都没有改变，你应该感到内心不安才对啊！”听完我的话他显得很不自在，我知道他已经认识到了老师对他的宽容和给予他的机会，接下来，我帮他一起制订了晚间回家的时间计划，并将计划告知了他的父母，请他父母来监督他。到了该睡觉的时间，我常通过电话或者微信提醒他，并向他父母了解是否能按时休息。在我和家长双管齐下的监督下，他不再迟到，上课的精神状态也越来越好了。面对他的进步，我在班上对他进行了公开表扬，而且评选他为当月的“考勤之星”。

又是一个周一早读，他早早地来到了学校，精神满满。看着他阳光的笑容，我真心为他高兴：“现在的你进步很大，已经戒掉电脑游戏了吗?”他说：“老师，电脑游戏我还是在玩，但是时间缩短了很多，我也强迫自己不要迟到。”“做得好，继续努力!”我笑眯眯地说。

经过这件事情，我想，如果当初我一气之下处分了这位学生，他就会觉得他所犯的错误已经受到了惩罚，可能不会再做任何改变或者改变没有这么大，会继续理所当然地违纪下去。相反，我没有处分他，用宽容感动他，让他最终用实际行动证明自己。

多年的班主任工作，使我意识到，对学生的教育要因材施教，做到合情合理，有理有据，循序渐进，走进学生的内心，学生自然会心服口服，这样的教育效果也会更加显著。

用“心”教育，静待花开

白驹过隙，往事匆匆。一转眼两年过去了，曾经的每个片段不时冲击着我的思绪，留给我无尽余味，学生的改变、进步、成长，就是我为人师的满足与幸福。

还记得两年前我刚接手高一电商（6）班时，班上有个叫小铭的男生。老师和同学们常向我提及他的种种“劣迹”：经常不交作业，即使交了也是马虎应付，书写潦草；纪律性差，常以球队训练为借口不来参加晚自习；课后喜欢追逐打闹，课堂上也经常起哄、捣乱，影响别人学习……

在一次下午自习课上，我接到临时通知，要去参加一个紧急会议。安排好班长维持班级纪律之后，我便匆匆离开教室。

自习课上，班里的同学们安静地坐在教室里看书、学习，班长坐在讲台上维持纪律。突然“啪”的一声，随后一阵移动桌椅的声音响了起来。原来是小铭在用水杯“做实验”，不小心把水倒在了自己的裤裆上。只见他大摇大摆地走上讲台，一边笑嘻嘻一边大声地说：“班长，我不小心把裤裆弄湿了，我要去厕所擦一擦，你看看……”班长的脸霎时涨红了，班上的同学也“轰”的一声笑开了。听到同学们的笑声，小铭更是得意扬扬，没等班长回答便径直走出了教室。

我开完会赶回教室，听完班长的陈述，便心急火燎地把小铭“揪”去办公室谈话。谈话的过程中，他表现出一副不屑一顾的样子。几分钟后，他就有点不耐烦了，便附和我说：“好了，老师，你是对的，我错了。老师总是正确的，学生总是错的。”那一次的谈话就这样以他违心地承认错误而草草结束。

事后，我开始反思：在整个谈话过程中，我明显感觉到他对我训斥的反感。心理上的对立，使我根本无法真正走进他的内心，说服教育成了一句空话。我必须改变我的教育方式。

为了对症下药，我做了一番调研，发现了他问题的症结：来自离异家庭的他，从小跟着爸爸一起生活。而他的爸爸因为做生意很忙经常无暇回家，更别谈对他的关心与教育。他自尊心很强，十分渴望得到老师的关注、认可和表扬。因为从小成绩差，他总是被老师和同学们忽略的那一个，即使偶尔被老师提及，也是因为被批评。来到职中后，换了一个新的环境，他总喜欢在课上课下不断找机会“好好表现”，以引起同学和老师对他的关注。

原来出现这么多的问题，都是因为小铭想得到关注！找到解决问题的切入点后，我立马在班干部队伍里增设了一个“机动委员”的职位，由小铭担任，并让他负责检查班级同学们的仪容仪表，吩咐班长带着他去处理突发事务。从那以后，我发现他的精神面貌有了许多令人欣喜的改变：每次询问是否有同学愿意帮班级做事情时，他总是第一个举手；他开始认真上课了，恶作剧变少了，也开始做作业了……

我思忖着他的变化，没想到一次偶然的、不抱希望的尝试，一份他从未享受过的来自老师的信任，为我成功打开了他的心灵之门。

细想起来，这不正是用“心”教育的最好体现、最大褒奖吗？正如教育家苏霍姆林斯基所说的，我们“应当了解孩子的长处和弱点。理解他的思想和内心感受，小心翼翼地去接触他的心灵”，才能赢得孩子们的信任，赢得孩子们的真心，教育才能有效开展。

教育是爱的事业，是细水长流的事业。用“心”教育，方能静待花开。

拒绝“标签”人生

新生报到那天，小盈穿着宽大T恤、超短裤，浓妆艳抹地坐在我面前，边嚼口香糖，边填资料，我心中嘀咕：“我班来了个厉害角色!”

果不其然，开学没多久，我就接二连三地接到班干部的反映、科任老师的投诉：小盈迟到、不交手机、上课睡觉、借口去医务室一去不复返……每每接到投诉，我都苦口婆心地跟她分析利害，要她改正。而她每次都答应得好好的，可一转身，该怎样还是怎样。后来，我搬出家长来压她，她满不在意地说：“你跟我妈说也没用，从小到大她都认为我很差劲，给我‘贴标签’，我已经不在乎了。”她的这句话引起了我的思索。宋庆龄先生说过：“孩子的性格和才能，归根结底是受到家庭、父母，特别是母亲的影响最深。”小盈脱口而出的这句话让我意识到她非常在意她母亲的看法。

后来通过家访，我找到了小盈如此表现的缘由：父母离异，她跟着母亲生活。要强的母亲忙于工作，平时对小盈只提要求，很少关心。班主任给小盈的评价慢慢变成“调皮捣蛋”“不爱学习”。“差生”的标签挂在小盈母亲嘴边，也贴在了小盈的心里。小盈开始破罐子破摔：既然你们认为我是“那种人”，那我就变成“那种人”。

心理学认为，每一种行为背后都有一种动机，每一种动机都代表一种需要。如果这种需要没有得到满足，那么当事人会不断出现某些行为来满足自己的需要。小盈的异常表现，不正是因为她得不到别人的肯定，所以只能通过某些“特立独行”的行为来满足自我需要吗？作为班主任，却在第一次见面时就给她贴上“厉害角色”的标签，无疑是把小盈越推越远，这种结果是我不想看到的!

针对小盈的“自暴自弃”行为，我制定了“停止批评，拉近心灵”的策略。我把小盈约到了操场：“陪老师走走?”小盈有些疑惑，但还是答应了。“小盈，老师要跟你道歉。”我开门见山地说。她惊讶得睁大了眼睛，我笑了笑：“老师承认，从开学到昨天为止，我都在往你身上‘贴标签’，这点老师做错了，真心跟你道一句对不起。”小盈眨了眨眼睛说：“你是第一个跟我道歉的老师。”我们边走边聊，她慢慢打开了心扉：“我讨厌母亲、同学、老师强加的评价，我也有优点，为什么别人只盯着我的缺点而看不到我的优点呢?”听完她的苦水，我给了她一些建议：弱化缺点，强化优点，逐步撕掉别人贴的标签。她眼里闪着光说：“老师，你监督我，我要改变!”

那天后，我鼓励她多参加活动，表现自我。每进步一点，我都会跟她母亲报喜，慢慢改变她母亲对她的固有观念。现在的小盈不仅遵守纪律，而且充分发挥了自己的文体特长，在运动会、书法比赛上多次获奖，还作为指挥带领着同学们一起参加合唱比赛。她慢慢撕下了别人贴在她身上的“标签”，重新展现出自己独特的魅力!

在教育道路上，成长的不仅仅是学生，教师也要反思、总结、成长。拒绝“标签”人生，拒绝成为给学生贴“标签”的教育者。

教育，是相互的修为

德国哲学家雅思贝尔斯说："教育就是一棵树摇动另一棵树，一朵云推动另一朵云，一个灵魂唤醒另一个灵魂。"作为老师，我们就是那棵树、那朵云、那个灵魂，我们需要做的就是用自己的言传身教、以身作则去唤醒一颗种子，用自己的真实行动来影响这颗种子，让它生根发芽、枝繁叶茂。

小涛，这个来自深圳却有着留守经历的男孩，矮个、敦实，留着一头遮住眼睛又不加打理的头发，眼神故作凶狠却透着不安。开学第三天，就听说他带着几个深圳的同学，冲进本班云南籍学生的宿舍和同学打了一架。当我把他们叫到办公室时，小涛说事情已经解决了，现在两人是好兄弟了。估摸着是两人都有留守经历，所以惺惺相惜。我还是对他进行了批评教育，也讲了很多我小时候和别人打架的事，最后约定以后发生冲突时第一时间要冷静，要告诉老师。

此后我对小涛更关注，经常给他鼓励，虽然他专业依然一塌糊涂，技能考证全挂，但眼神中的凶狠不见了。

慢慢地，他可爱的一面展现出来，经常在课堂中蹦出一两句自认为很搞笑的话，同学会"怼"他几句，他被"怼"完反而更开心，完全是一个活宝。我推荐他读些书，并一起讨论。讨论最多的是刘慈欣的《三体》。他会跟我讨论如爱情、人性、人生意义等问题，而且他的观点很独特。有一次我情绪低落，随口问他："你说我做的这些事情有意义吗？我想让我的生命价值达到极致，但似乎不太可能。""老师，我就是你的极致啊！我这样的学生，你都能让我每天安安静静地看书，在实训室拼命练习，你还不够极致吗？"我先是惊讶，然后乐了，带着感动与酸楚。就这样，从他的身上我汲取了很多正能量。他喜欢吃油条，每次教工食堂有油条，我就留着给他吃，这家伙也一点都不客气，吃得很开心，看着他吃得开心，我也很开心。他把长头发剪了，并下载了相关软件，最后计算机、CAD制图都顺利通过补考，还信心满满地跟我说："电工证一定能过。"

即使这样，他还是会出状况。在电梯维修课上，大家在观看一起电梯事故视频时，小涛猛地蹿起，狠狠地朝同学身上猛捶，幸好同学及时拉开，避免了事件恶化。我把他们叫到外面。小涛眼泪瞬间决堤，说：“老师对不起，我没有忍住。”原来同学跟他开玩笑说出事故的人是他爸爸。我对两人进行了批评教育，两人都认识到了自己的错误。

过了些天，我和小涛聊起他父亲，他说和父亲关系比较僵，父亲总是把他当出气筒。我问他是否恨父亲，他却用《三体》中的话回答我：“宇宙也曾经光明过，创世大爆炸后不久，一切以光的物质形式存在，后来宇宙变成了燃烧后的灰烬，才在黑暗中沉淀出重元素并形成了行星和生命，所以，黑暗是光明之母。”听完这句话，我知道他原谅了他曾走过的“黑暗”，原谅了父亲。我受到了极大的震撼，我们每个人都有过“黑暗”，也孕育出了“行星”与“生命”，但不是所有人都能坦然原谅一切。

小涛让我对“一棵树摇动另一棵树，一朵云推动另一朵云，一个灵魂唤醒另一个灵魂”这句话有了新的理解：教育者与受教育者的角色不是固定的，更多的是互相感动、互相启发。

云南的凤凰起飞了

教育要因材施教，不管时代如何变，教师的初心不能变，尤其是面对一群让你头疼的学生时，更要坚守这份初心。

小甜是云南班的学生，刚入学的时候纪律散漫，迟到旷课，晚上偷偷跑到校外上网，在宿舍里抽烟、喝酒，还时不时顶撞老师。入学前她的手臂上就文了一只小凤凰，她纠集了班里的几个女生以“凤凰”自居，同学见到她都头疼。

一个早上，我接到学生处主任的电话：“你马上到我办公室一趟。”挂了电话，我的心一沉，小甜肯定又惹祸了！果不其然，小甜不肯交手机，跟宿管又吵起来了。主任对小甜也失去信心了，问我：“你觉得她还有没有其他可能？”意思是要开除她了。我站在那里想了好久，开除她的话，我们班的班风会好很多，我的工作量也会少很多，可是开除后她能去哪里呢？我突然想起一句话，即使是一个特别难缠的孩子，只要他确信自己是被爱的和有用的，都可以调整和改变。于是我下定了留下她的决心。

当着小甜的面，我跟学生处主任说：“可不可以再给她最后一次机会？”其实说这句话时我的内心是忐忑的，我不确定我是否能够带小甜重回轨道，但旁边的小甜不再大声嚷嚷了。

回到办公室，小甜稍稍平复了情绪，低头问我：“老师，你为什么还替我求情？”我说：“我希望班级多一朵花开，你是怎么想的？”这一次，也许是我替她求情的态度触动了她的内心，她一改平常顶撞老师的态度，对我说出了她的想法。原来她并不是不想上学，而是希望获得爸妈以前一直没有给过她的关注。因为爸妈在老家工作忙，根本没时间陪她，让她很孤单、很失落。

从小甜的诚恳言语中，我构思了一个大胆计划，并于第二天找班委会制定实施方案。在接下来一段时间里，有同学叫小甜起床，有同学督促她交手机，有同学提醒她上课不要睡觉，实操课有同学帮助小甜练习技能，班级拓展活动大家都推选她作为组长，广播体操比赛让她做领操员……经过两个多月的努力，小甜慢慢感觉到了被人关注，也找回了自信。她主动报名“五四”校园歌手大赛，并获得了二等奖。也正是那时候起，大家改叫她“金凤凰”。

同学们对小甜的态度渐渐改观，科任老师见了小甜也有了笑容，这个曾让同学、老师、主任头疼的小甜，在短短的两个多月的时间，就像凤凰涅槃一样，实现了蜕变。小甜让我更加坚定了我的教育初心，也让我学会了用发展的眼光看待每一个学生。

教育是用心灵感化心灵。关心、理解学生是老师的职责。当我们面对一段含苞待放的青春年华时，不要轻言放弃，也不要随意指责，只需耐心陪伴，也许带来的是一个灵魂的涅槃，就像我们班这只起飞的云南“金凤凰”。

赏识篇

“杠精”欣姐

我带过很多届毕业生，他们背景形形色色、性格五花八门，我自认算是阅历丰富，没什么能够唬得住我。但当我每次面对小欣时，心里还是有些忐忑。

小欣，班里同学叫她“欣姐”，她长相普通，性格沉闷，还带点阴郁的气息，加上座位在不显眼的角落里，上课窝在书堆后面，往往一天都不会有任何存在感。

欣姐没犯过什么大错，就连上课睡觉和偷玩手机的频率都低于平均水平。欣姐对课堂知识都不感兴趣，但对各种冷门、偏门知识却了解不少，这些繁杂细碎的小知识和性格中的较真，使得她爱抬杠。欣姐时常能指出别人话语中的逻辑漏洞，抓住一切机会“挑衅”式抬杠，在课堂上公然指出老师的错漏，引起同学哄笑，让老师尴尬，因此大部分老师都对她敬而远之。

欣姐的矛头并不单单指向老师，身边同学都在她的“攻击”范围内。比如，下课后，几个小姐妹聚在一起聊天：

“最近有什么好的美白护肤品吗？感觉自己晒黑了。”

“买×××吧，亲测好用。”

“不行，那个太贵了。”

这时因为趴在书堆后而被忽略的欣姐适时地“补刀”一句：“那我送你瓶

84 吧。”

谈话戛然而止，被“攻击”的同学满脸通红，其他人哄堂大笑……久而久之，欣姐的“毒舌”已经成了班里定期的笑料来源，很多学生期待她的语不惊人死不休，同时也惧怕自己成为她“攻击”的“受害者”。她为学生们枯燥的学习、生活增添了不少笑料，却并没有因此变得受人喜爱，而她也变得越来越沉默、阴郁。

有一次欣姐在课上睡着了，我犹豫了一下还是拍醒了她。我没有指责她上课打盹，而是把她叫出教室，在走廊上“吐槽”她：“口水是硫酸做的吗？桌子都要被腐蚀出一个洞了。”她错愕地摸了摸嘴，然后“回怼”我：“我才没有！唾液近于中性，只有你这种不吃晚饭的人才有可能胃酸倒流，腐蚀桌子……”

之后的日子里，我开始用这种调侃式“抬杠”与她交流，学校里无论大小事都要拿出来跟她杠上一杠，一来二往，年级里都知道我们班有这么一个总跟老师“抬杠”的“百科全书”。

有天天冷，我着急出门没穿外套，欣姐二话不说，把身上的外套脱给了我，我已经预想到她一定会“怼”我，但是她没有。她只是说：“老师，我热，你帮我穿着吧。”我鼻子一酸，那一刻我知道，这场没有硝烟的“嘴皮子之战”是我赢了。欣姐不过是个得不到他人重视，于是“自暴自弃”的孩子而已，她的“抬杠”、“怼”人，只是表达自我的偏激方式。她心里有爱，曾在我加班工作的晚上把买来的面包偷偷放在我桌上；她心里有情，因此每次“怼”人后也会自责……

我很庆幸跟欣姐有这样的沟通，很庆幸我曾告诉她，她的“怼人外交”很有趣，并帮她拿捏分寸。欣姐走出阴郁后成绩有所上升，人际交往能力也提升了。原来，适当的赏识教育比严词更能保护孩子脆弱的心灵，更能起到良好的作用。

杏花、春雨、孩子

一个春雨绵绵的早晨，我正在办公室伏案批改学生的作文。突然，班长慌慌张张地跑了进来，气喘吁吁地对我说道："老师，您快去长廊看看吧，小峰又闯祸了，主任正在批评他呢。"我连忙起身，快到长廊时就远远看见长廊的花坛边围着一群人，主任正疾言厉色地说着什么，而小峰则吊儿郎当，晃晃悠悠地站在边上。我的头顿时大了起来，又是这家伙，活泼好动，不知道又弄坏了什么东西。果然，等我走近，就看到花坛里的一棵小杏树几乎变成了"秃头"，原本芬芳艳丽的花瓣片片飘散在地上，纷乱得像殷红的眼泪。难怪主任这么生气，我看着都火冒三丈，这么美好的东西就这么被轻易地毁坏了，而肇事者却没事人一样，一看就没把这事放在心上。于是我接过主任的话头，用更疾言厉色的语气训斥他："小峰！你到底是怎么搞的，这么漂亮的杏花，你怎么忍心下手？"小峰一点也不在乎，无所谓地说："我和同学玩，他要来抓我，我就抓着树干转了一圈，谁知道就这样了。这是什么破树，这么不结实！"我更生气了，咆哮道："马上跟我去办公室，好好反省！一点都不知道爱惜生命，简直是个冷血动物！"

回到办公室，我强压怒气，继续批改作文。小峰站在墙角，像只猴似的扭来扭去，看得出他还是觉得这不是什么大事。该怎么让他认识到自己的错误呢？严厉的训斥没收到什么效果，跟他讲爱护生命、珍惜美好的道理，估计他更不会往心里去，该怎么办？我不禁陷入深深的思索……

这时，生物老师兴高采烈地走了进来，一进门就嚷嚷着："好消息，好消息！我们生物课实验剩下了一些花种，还有一个花盆，有种花爱好者从速啊！"我的脑子里灵光一闪，赶忙举手："我要，我要！"

从生物老师手里接过花盆和花种，我把小峰叫过来："你知不知道你今天犯了什么错误。""知道啊！不就弄坏了一棵树吗？大不了赔就是咯。""树已经坏了，我就不要你赔了，况且也没法赔，我去和主任沟通。不过老师听说你生物学得很好。正好班里要美化环境，我把这些花种和这个花盆给你，你负责把它们养好，就算是对你的惩罚吧！不过要是养不好或者养死了，我可要加倍重罚！”

小峰带走了花种和花盆，当天就种了下去。从那天开始，我表现得很关心这盆花儿，每天都要围着花盆转儿圈并点评一番，还经常特别强调，如果他连一盆花都养不好那么生物也学不好。为了证明自己，小峰对这盆花越来越上心了，他用心浇水，悉心照料，种子终于破土而出，一天天茁壮成长起来……终于有一天，枝头开出了一朵花。同学们赞叹连连，我也大力表扬，小峰快乐地笑着……

春天快要结束的一个早晨，我在批改作文。这时，一行文字映入了我的眼帘：“可爱的小杏树，对不起。我自己的小花开了，你的小花却被我弄碎了。现在，我知道你和我、和我的小花是一样的，有生命的。我弄疼了你，你能原谅我吗？”我翻到封面，上面写着小峰的名字。我不由得搁下笔，走向办公室的窗边，窗外的小山上，满目青翠，繁花似锦。我好像看到我的孩子们就身处其中，在春雨绵绵的滋润下，他们破土而出，洋溢着生命的温暖与朝气……

在春天的开始，我疾风骤雨的批评没能唤醒一个孩子的心灵。在春天的尾声，一朵花的开放，让这颗心灵自己顿悟了爱惜生命、珍惜美好。它也时时刻刻提醒着我，教育是体察心灵、激发情感、唤醒生命交流的过程，教育要遵循生命发展的逻辑，让生命不断成长，最终让整个世界都洋溢着春天的温情。

心心相印真教育

又一次读完《正面管教》，我不禁掩卷沉思，教育真的是要心心相印啊！

刚进校时的小浩调皮活泼，很有勇气，但上课却常犯纪律，随便讲话，冲别人吐口水，吃零食，看漫画，还特别喜欢捉弄女同学，诸如此类，让人无比伤神。后来我学着换种心态去面对他，他惹了事的时候，我就宽慰自己，这个圆头圆脑的小家伙一定还没长大，再说谁让他的理想是做“超人”呢？渐渐地，我便开始欣赏小浩乐天派的态度，他总是精力旺盛，惹祸的同时也总是给班里带来一些笑声，而且诚实，不会撒谎，班里有什么事情总是很积极，很想得到表现的机会。我的心里忽然觉得小浩不再站在我的对立面了，四处看看，在沉重的学业压力下还能这么单纯快乐的孩子又有几个呢？于是我鼓励小浩上课多举手、多发言，哪怕他有时会答非所问，我也给他鼓励的眼神。我推荐《丁丁历险记》给他看，希望他学习丁丁的聪明、勇敢、有责任心。我鼓励他参选班委，常常在班里当众表扬他。

就这样，一年过去了，小浩渐渐长大了，上课纪律好了很多，成功当选了班里的纪律委员、体育委员和语文课代表，变成了我的好帮手，他的成绩也在稳步提升。他管理午休尽职尽责，班里纪律良好；他带的早读课不止一次受到校长的表扬。在为他感到由衷高兴时，我也慢慢了解到，陪伴他长大的是他的爸爸和姐姐，是疏于管教让他不愿遵规守纪，而家中男子汉的身份又让他要强、有责任心。我庆幸我给了小浩也给了自己一年的时间，没有粗暴地去打断或者尝试强行改变他成长的轨迹。我想正是了解并去懂得孩子的心，才让我收获了那种难以言说的教育的快乐。

我想起那次拔河比赛，我们班的实力不强，而且最后一天要连比三场，这对每个参加比赛的学生都是一次极大的考验，考验他们的恒心与毅力，还考验他们团结协作的能力，但他们硬是坚持到了最后，一场一场艰难地去拼，手肿了、流泪了、嗓子哑了，终于拿下了冠军！在和他们抱在一起欢呼庆祝的那一刻，我觉得他们就是我崇拜的学生。

还有一次校运会时，班里没有一个人愿意参加四百米的比赛，当小浩站出来的时候，伴随着的是一阵阵哄笑，我虽然表面赞许，但内心并不抱多少希望。可到了比赛那天，当他在跑道上拼尽全力，用力过猛摔倒在终点线上时，我突然觉得他更是值得我崇拜的学生。

其实创造一个值得自己崇拜的学生并不很难，《正面管教》中就教给了我们很多方法，我们应该和善与坚定并行，着眼于学生的优点而不是缺点，将学生的不良行为转向到积极的方面。更重要的是我们自己要以身作则，实现与学生的合作，教给学生沟通与解决问题的方法并做出榜样，培养他们的责任感。我们应该对自己、学生和周围的所有人都有同情心，应该不断地加强自我学习与感知能力。长此以往，或许我们就会发现我们面对学生的心态正在变化，学生正越来越接近被我们崇拜的高度。就像《正面管教》中所说的那样："正面管教与完美无关，我很高兴能听到家长们说：我的孩子还不完美，我也一样，但我们现在相处得更加快乐。"假如我们达到了这样的一种状态，那我们就真的明白了正面管教的实践基础所在，也真的明白了真教育就是心心相印，而那无疑是充满幸福和快乐的。

成长路上，我们同行

有人说，教师是辛勤的园丁，培育美丽的花朵；也有人说，教师是春蚕，劳作到死吐丝方尽。在我看来，教师应该是引路人、是伙伴，指引学生成长，与学生携手前进。

2004 年，我刚进入学校就被安排做 0410 学前教育专业班的班主任。我的压力非常大，一方面因为自己是新人，急于做出成绩证明自己；另一方面因为学前教育专业一直是我们学校的优势专业，我们班必须成为学校的表率。“一定要带好班，一定要成功!”成为我对自己的硬性要求。我花费大量的时间与精力去盯学生，每天早读、自习课必到教室，课间也经常进班里看看，甚至任课教师上课时我也在窗外观察学生，这让我忙乱而劳累，遇事疲于应付。

班里有个叫小丽的学生，入学时成绩不好，行为习惯也不太好，是典型的“问题生”。有一次她向我请假，说美术作业还差一点就完成，想留在画室完成作业，并保证晚自习上课之前一定回来，我准假了。但是，第一节晚自习已经过去一半，她还没有回来。我十分生气，因为她经常找借口旷课。正在这时，她满脸愉悦地推门而入，捧着画纸给我看。没想到正在气头上的我却狠狠地瞪着她，表现得十分不满，她脸上的喜悦立刻消失了。在我们眼神对视的那一刻，我意识到自己犯了一个很严重的错误。以后的情况可想而知，小丽在班里与我各种不配合，不仅影响了几个同学，更是惹得很多学生在旁边观望，看我这个新老师怎么办。

为了压制小丽，我把请家长当成撒手锏频繁使用，导致她产生违纪“惯性”——她很聪明，能预测到违纪后果并且知道这种后果对她的影响较小；也导致家长认为孩子问题太多，甚至一无是处，从而对孩子失去信心，干脆放任不管。我无计可施，到底该怎么办呢?

一天我读到了教育家苏霍姆林斯基的一句话：“应当了解孩子的长处和弱点。理解他的思想和内心感受，小心翼翼地去接触他的心灵。”是啊！只有这样，才能赢得学生的信任、赢得学生的心，教育才得以有效开展。我一下子顿悟了！小丽聪明灵巧，心思细腻，为人仗义，表面上叛逆实际是为了掩盖内心的敏感。通过我的观察，小丽对美术很有兴趣，也很有天赋，而我是学音乐的，对美术不太擅长，我决定以美术为突破口。

我在班里对同学流露出对美术的兴趣和以前没学好美术的遗憾，与同学们一同完成美术作业，并与小丽结成合作小组。在一次次交流中我与小丽关系越来越近，我主动向她聊起我工作的压力与困惑，她也向我讲着她的心事，不知不觉中我们成了朋友。

因为是朋友，小丽会帮我分析和出主意。就这样，小丽不仅越来越自律，她还带着其他同学做好自我管理。班里的纪律情况有了非常大的改善，学习氛围也越来越浓厚，我也逐渐放手，感觉轻松多了。

更令人高兴的是，小丽的美术成绩突出，不仅让她找到了自信，也带动了她对其他科目的学习热情，这让周围的人包括家长慢慢改变了对她的看法。而我的画画水平也比以前进步了不少。

正可谓，精细管理要当先，正确引导是主线，恰当方法是关键，真诚爱心是要点，及时鼓励不要断，祖国栋梁前景无限。

成长路上，我们同行！

赠人玫瑰，只存余香不留刺

记得我带的2008级幼师班里有一个叫小萌的女孩，她勤奋好学、善解人意。有一天，她因父亲突然去世来找我申请退学，原来她的母亲没有工作，家里还有一个读高中的弟弟，她想去打工以减轻家庭的压力。看着她，我本能地想给予她帮助和温暖。于是，我在班里组织了一次捐款，把大家的爱与鼓励送给小萌。一学期后，小萌的母亲让她把捐款带回来还给大家，还写了一封感谢信，告诉同学们她们现在已经能够安排好生活了，感谢大家当时的爱心与帮助。小萌和班里的同学也都在这件事中感受到了人与人之间美好的情感。

后来我把这件事作为一个典型事例写在了校报上，可是小萌却开始有意回避我。人群中，她总是尽量躲在角落里。我这才意识到这个善良自强的孩子其实是介意的，她是牺牲了自己的自尊心来成全我这个帮助了她的班主任而已。后来，我做了很多工作才让小萌恢复自信与开朗。但这件事在我心中始终是一根刺，总是无法释怀。

多年后我又做了2014级会计班的班主任，一个叫小芳的孩子中考成绩不错，在日常活动中，比其他同学都成熟懂事，大家选她做了班里的生活委员。可是我发现，她的眼神中总有一丝隐隐的忧伤。

我单独找她了解情况，原来她的父母在几年前相继因病去世，现在她只能与姐姐相依为命。她选择读中职就是因为能减免学费，毕业后也好找工作，这样就能够尽快减轻姐姐的负担了。

小芳讲起伤心往事不禁痛哭起来，我心疼地搂住她，讲了我自己的成长经历，以转移她的注意力。相似的经历一下子拉近了我和她之间的距离，她安静地听着，用信赖的眼神望着我。我除了鼓励和安慰她之外，还特意叮嘱她，要坚强，但不要过于要强。因为她毕竟只是个十四五岁的小女孩儿。过于硬撑，反而让自己更容易受伤。我还提醒她，同学们都是刚能够离开家的孩子，还不是很成熟，和同学们相处不要因为自己的身世而敏感和自卑。小芳点点头。

我询问小芳生活上有没有困难，她告诉我，因为现在有读中职减免学费的政策，姐姐的负担并不重，生活费省着点用没问题。看得出，这是一个自强、自尊的孩子。我稳住了自己有点激动的心，告诉小芳我很高兴看到她这么懂事，也相信她一定能好好地成长。作为老师想让她多感受到一份关爱，从今往后，她的班费由我出。

我问她愿意接受我的关爱吗，小芳亮晶晶的眼睛望着我，用力地点点头。由于有了小萌的教训，我俩要保守这个小秘密。在班里，我不露痕迹地给她肯定，私下里给她关心和鼓励。就这样，小芳与同学们自然而融洽地相处着，那双眼睛开始闪着自信开朗的光芒。

中职的孩子敏感而又自尊，教师不能只站在自己的角度来思考和行动，而是要用心体会他们的需要，尊重他们的思想。教师还要善于总结、反思和改进。这样，我们真诚的爱就能得到回应，我们自身也能不断成长。

赠人玫瑰，只存余香不留刺。

拿什么“拯救”叛逆的孩子

暑假期间，一部人气电影《哪吒之魔童降世》让大家纷纷讨论起教育问题。我们都希望把孩子教育成栋梁之材，都希望看到孩子阳光自信，但是无论在哪一所学校、哪一个班级，总会有几个叛逆的孩子，让班主任费尽心思。这些学生就像电影里的主人翁哪吒一样，经常闯祸，桀骜不驯，无论你如何教导，都油盐不进、软硬不吃。面对这种类型的学生，作为教师应该如何作为？

我在中职学校从教 10 年间，遇到过不少叛逆的学生，他们都有一副标准的“配置”：一副颓丧的表情，一张“单手插袋，谁也不爱”的厌世脸和每次恶作剧后都少不了的狡黠之笑。

第一年当班主任的时候，我班级有一个特别的学生，他是一个人拖着行李来报到的，高高瘦瘦的，眼神空洞，头发有点长。当时因为是新生报到，我并没有跟他有太多的交流，只记住他叫小坚。小坚在班级群里特别“活跃”，经常哗众取宠，还时不时拿“死亡”开玩笑。他的表现让我有一种很不安的感觉。

小坚经常上课睡觉，无论怎么跟他沟通，他都是沉默。我想跟他父母取得联系，但找不到他父母的信息。随后通过他以前的同学了解到，小坚的父亲在他 7 岁的时候病逝了，妈妈独自带着他跟两个姐姐生活。在他初三那一年，他妈妈也离世了。这件事对本来就自卑的他打击很大，正处于叛逆期的他从此封闭了自己，认定自己就是那个给家人带来厄运的人。家人对这个不幸的孩子百般宠爱，生怕他受半点委屈。被溺爱的他并没有变好，而是在变差的路上不断提速。

期中考试后，他的“口出狂言”终于惹祸了。由于他在班级群里乱说话，还冒充我对一个同学说了一些很过分的话，两个人就此发生矛盾。虽然最后并没有真的打架，但我利用这件事找到了跟他“聊天”的机会。

让他意外的是，我并没有因为他冒充我而责怪他。那一次我们聊了一个晚上，我发现，他从未真正地从父母的离世中走出来，家人竭尽所能地对他好、关注他，邻居们时常在背后议论他，老师、同学们可怜他，他觉得自己像极了一个怪物。他不会表达，也不知该如何表达，只知道自己的举动都会引起身边所有人的强烈反应。所以，他慢慢地变得叛逆、孤僻、敏感。但是他又害怕独处，害怕被遗忘。

从表面上看，我并没有为他做什么，但实际上，我一直在耐心地等待他，尊重他的感受。我只是静静地陪着他，只要他想倾诉，我随时愿意当他的听众。我一直在他身边，但不会让他感受到压力。这就是他一直渴望得到的被尊重、被接纳和被认同。

后来我引导他看不同的书籍，让他从书本中找到答案。在一次主题班会中，他居然面对全班同学讲出了自己不幸的过去，他坚强自信地说："那都是我的过去了，过去的行为差点毁掉了我，我接受命运的安排，但如今，我要让一切不幸成为过去，我要创造属于我的未来。"

人的颓废与放弃，都是从失望开始，从被否定开始。每个叛逆的孩子的内心，其实都渴望被"拯救"，而唯一能够"拯救"他们的，就是用心，用心去爱他们，用心去陪他们。唯有用心，才能把他们从深渊里拉出来，才能引领他们走出黑暗，走向阳光。

俯下身，引领生命的成长

对于每个生命的成长都需要俯下身去引领与关怀，教育更应如此。

我初做班主任时，遇到过这样一个孩子：他每天的衣服上都沾满污垢，特别喜欢到垃圾桶里翻翻捡捡，经常捉蚂蚁、蜘蛛之类的养在铅笔盒里；上课时会无缘无故地突然发出笑声，还喜欢啃手指。因为这样，班里没有一个同学愿意和他同桌。我经常提醒他要注意卫生、要注意纪律，反复多次提醒没有效果，也会狠狠地批评他。后来我约来家长沟通，才知晓因为一场事故，孩子的内心受到了一定影响，行为举止会比较特别，而家长忙于生计，根本无暇关注孩子，孩子基本上都是一个人待在家里，没有人陪伴，没有人说话，也没有人和他一起玩耍。听完孩子的遭遇，我心里产生深深的同情，可是能怎么办呢？我能为他做些什么呢？这个问题每天萦绕在我的心头。

一天放学后，我走进教室，发现他一个人孤零零地坐在座位上，正盯着铅笔盒看得开心。走过去一看，才发现他的铅笔盒里装着几只蚂蚁。看到我，他急忙盖上铅笔盒，准备溜走。我喊住他，要他坐下来，然后耐着性子笑着问他，为什么这么喜欢看蚂蚁。他支支吾吾好半天，低声说："因为蚂蚁很聪明，很有意思，它们能搬那么大的东西，而且它们也从来不会打架。"想了一下后，他又接着说，"还有，就是……它们虽然不会说话，但只要碰碰触角就知道对方想要说什么了。不会像我在班里一样，一说话大家就笑我。"听了这几句话，我的心仿佛被针扎了一下，感到深深的愧疚。我和班里的其他学生总觉得他是一个麻烦，却一直都忽略了他有多么想和我们交流，多么想融入这个集体、得到集体的温暖。我想起好多次大课间，有同学把外套落在操场，都是他默默地帮忙拿回来放在讲台上；我想起大家忘记给班里的花浇水时，总是他默默地拿起水壶去浇水；我想起他在课堂上每次无缘无故发出笑声后，总会很懊恼地捶打自己的头……其实是我从没有俯下身去认真观察他，从没有真正地走近他的内心世界啊！现在，我一定要尽己所能为他做些什么！他爱养蚂蚁，我就联合生物老师，在班里搞一个生物角，这样也可以帮助全班同学观察生物活动；他的衣服经常会搞脏，我就请家长多帮他准备几件，每天提醒他更换；他在上课时无缘无故发出笑声，我就请各位任课老师以一个统一的手势提醒并引导他；我将他做的那些很少被大家关注的事情用相机记录下来，在班会时让同学们一起来说说他的优点，一起来感谢他，一起来走近他的心灵。最重要的是，我自己应当常常俯下身去，走近他、了解他。

有一天，有个同学主动跟我说要和他同桌，我问他为什么。他说："因为我是个马大哈，总是忘东忘西，他很心细，可以随时提醒我呀！"我又故意问："那你不怕他衣服脏、上课怪笑吗?"他笑着说："老师，经过上次的班会，大家都觉得其实他真的人很好，为大家做了好多事呢！还有，他现在每天换衣服很勤快，干净了很多；他上课怪笑时，老师和同学一提醒，他马上就能停下来。而且，他现在学生物可有劲头了，讲起昆虫的习性头头是道呢!"听了这位同学的话，我好像也重新认识了我的学生，原来他们的眼睛里、心里看得到、装得下那么多……

在漫长的教育路途中，千万别忘记俯下身去。只有俯下身，我们才能在教育中赢得更多愿意追随你的小家伙，他们将是你忠实的"粉丝"，踏着你的脚步前行。然后有一天，你会发现你真的引领着他们都长成了你希望他们成为的样子。

你的感受，我懂

《共情的力量》中有这样一句话："情感上被理解绝对更能给人安慰，比任何语言都有用。"

去年 9 月，我班迎来了 4 名云南籍新同学。可是没过几天，就有同学因为对新环境不适应，有了退学的想法。

一天，早读刚过，小攀就跑到我面前说："老师，我不想读书了，我觉得在这里待着很不舒服。"他的话让我有些吃惊："怎么突然有这样的想法？是遇到困难了吗？看老师能不能帮你解决。""老师，说实话吧，我真不想来读书，是我父母私下里给我报的名。我初二没读完就辍学了，现在老师讲的知识我完全听不懂，也很不适应这里的生活，很多同学说话我一句都听不懂，又不知道怎么去和他们沟通。"我本想批评他几句，这里学习、生活条件比他老家好很多，上学辛苦两年，毕业后就能自力更生。但转念一想，说这些有用吗？当班主任不是要发牢骚，不是要讲大道理，而是要打消学生退学的念头，让他安心读书。我再看小攀时，他自己也开始沉思了。眼前的这个小男孩遇到的情况和我刚来东莞时很相似。我想起心理学家罗杰斯阐述的一个概念——共情，通俗来讲，就是把你当作我，也就是我们常说的将心比心、感同身受。我尝试着深入小攀的内心去体会他的感受："小攀，你的感受，我懂！你刚才说的情况我也遇到过。我刚毕业参加工作，只身一人来到东莞，没有亲人，没有朋友，同龄的同事都没几个，也根本听不懂他们讲话。大学女朋友来过一次，回去之后就不再联系了。但是我并没有逃避，没有朋友就去参加各种活动，例如打球、摄影、爬山、徒步等，寻找一些志同道合的人聊天；听不懂广东话，就下载一个软件慢慢学，想方设法去融入环境。你现在的情况要比我当时好很多，和一群有共同梦想的老乡在一起，班上同学也都是同龄人，相信你能比我更快地融入我们这个班集体。"

小攀沉思了一会儿，说："那我再思考一下，等到国庆以后再做决定吧。"

中秋节，我和班长买了月饼和水果，然后把小攀等几个云南同学约到教室，欢度佳节。晚上 9 点半，小攀给我发了一条微信："老师，谢谢您送的水果和月饼，我不会辜负您对我的期望，祝您中秋节快乐。"

高一时 PS 考证，小攀得了 89 分，名列班级第三。小攀从刚入学时不会开机到能够熟练使用各种软件，作为班主任，还有什么比看到这个结果更欣慰的呢？

陶行知说：真教育是心心相印的活动，唯独从心里发出来的，才能到达心的深处。拥有心对心的尊重，才会具备明察秋毫的教育敏感和化险为夷的教育智慧。共情是了解、尊重、包容和珍惜。正是运用了共情，让我懂得别人的想法与感受，共情带领我和学生从失去信心到充满希望，从自卑软弱到相信内在的潜能，让我与学生走得更近。学生的感受，我真的懂！

让鼓励扬起自信的风帆

职业高中学生相对普通高中的学生来说，无论是学习主动性还是行为控制能力都要差一些，这也造成了他们日常的一种自卑心理。可是学生们的潜能是无穷的，他们来到新学校后，要是能得到老师真诚无私的关注与鼓励，切实感受学校大家庭的爱和温暖，就可以摆脱这种自卑的心理，变得自信阳光，更加优秀。

记得带高一时，班上新来了一位男生小叶。小叶性格内向，不爱说话，但他学习认真，成绩优秀，分配给他的任务总能很好地完成。根据我多年从教的工作经验，我断定他是个好苗子，值得好好培养。我想让他担任班干部，带动班风和学风的进一步好转。可我找他谈话时，小叶却打了退堂鼓，说："算了吧，老师，他们很难管，我不想担任班干部"。虽然小叶态度消极，但我没有放弃，我相信总有一天他一定会改变他的想法。

心理学家威廉·詹姆斯研究发现，人类本性中最深刻的渴求就是受到赞美。伟大的教育家苏霍姆林斯基也说过，只有集体和教师首先看到学生的优点，学生才能产生上进心。

从那次谈话之后，我特意在每次考试结束之后询问小叶的成绩，每次都会鼓励他说："这次你考得很好哦，不错，继续努力！"小叶感受到我对他的鼓励，逐渐变得开朗起来。原来的那种畏缩和自卑不见了，取而代之的是眼里闪烁的自信光芒。

记得班里第一次开家长会的时候，小叶和他妈妈来得很早，我迎上去热情地打招呼："小叶，妈妈来开家长会了，快去给妈妈倒杯水吧！"这本是很寻常的一句话，却触动了小叶心底的一道痕。那周的周记里，他写道："老师，我爸爸年纪比较大，我上小学的时候，每次爸爸来开家长会，我都会被别的同学嘲笑，因此后来都是我妈妈来开家长会。"

我敏感地意识到，爸爸的年龄问题是小叶的一个心结，而我必须帮他打开这个心结。我回复道："小叶，你能够跟老师分享你的心里话，老师很高兴。其实爸爸妈妈的年龄是我们无法改变的，小时候，我们不懂事，嫌爸妈年纪大。但我们现在长大了，要看到爸妈为我们的默默付出、日夜操劳。每个人都应该为自己的爸妈而自豪，努力学习，用最好的成绩回报他们。”

周记上的交流和平时的鼓励发挥了作用，小叶学习更加认真了，他看我的眼神里也充满了感激和崇拜。班里很快又举行了第二次家长会，出乎我意料的是，这次出席的是小叶的爸爸，的确比我想象的要年长一些，头发花白，看起来更像是他的爷爷。我过去跟他们父子打招呼，他爸爸不停地跟我道谢，感谢我对小叶的耐心教导。小叶在一旁有点不好意思地跟我说：“我爸爸年纪比较大……”我拍拍他的肩膀说：“爸爸抚养你长大不容易，你要好好努力！”会后，我发现在小叶的周记本的最后一页，他父亲写了几行字：“谢谢老师这两年对小儿的关心，可能是我的原因，他的性格一直比较内向。小学时候的成绩都是倒数，可是来到这里之后，他自信了很多，成绩也上去了，真的谢谢老师！”

我做的一切，深深感动了小叶。他学习越来越刻苦，性格也越来越开朗，他终于同意我的任命，担任班级电教委员，并且带头报考了三二分段考试，最后被广东省电子科技学院录取。

面对小叶学习上取得的成果，我感到非常欣慰。作为班主任，爱是教育的前提，教师要善于发现学生身上的闪光点，及时予以表扬与鼓励。带有温度的表扬和鼓励能够有效扬起学生人生自信的风帆，甚至改变学生的一生。

“菜鸟”起飞

每一个人刚加入某个行业，都需要一个适应的过程，处在这个过程的人，我们把他称为“菜鸟”，而我就是班主任行列中的“菜鸟”。

当一个“90后”班主任遇见“90后”学生，当一个初出茅庐的“菜鸟”遇见学生群体中的“山大王”，一切都不像我想象的那么简单。

2014年9月，我成为中职学校的老师，另外还多了一个身份——班主任。我憧憬着自己可以做一个快乐的班主任，可是理想很丰满，现实很骨感。渐渐地我发现，我不快乐，我“精神疼痛”。

我接手的是一个春季班，他们是一群没有经过中考的学生，老师和教科书就是他们的“安眠药”，手机就是他们的“兴奋剂”，懒散、无所事事、随心所欲，是这群“混世魔王”的共有特色。刚开学不久，凌晨3点我接到宿舍管理员的电话，说我们班有几个学生在宿舍喝醉酒了。还有一次，班上的几个同学让外面的朋友给他们送烟，被门卫拦截，他们当场与门卫发生冲突……这一件件的事情，使我不得不从一个“软妹子”迅速升级为一个“女汉子”！我不再是一个简简单单上完课就走的科任老师，而是从早上7点的公共清洁区蹲点，到晚上10点的宿舍巡查，每天披星戴月，疲于奔命，我像走进了一个找不到出口的迷宫，心力交瘁。

一场拔河比赛，“拯救”了我这个有气无力的“菜鸟”班主任。上场的都是班里又高又壮的男生，他们平时都是班上的“捣蛋大王”，我心想，就他们那个懒散样能有什么好的表现，对他们我没有任何期待。但是出乎我意料的是，他们非常尽力，个个气吞万里，一路杀进决赛，手都磨破皮了还在坚持，场下的同学也尽力呐喊，加油声不断，最后我们获得了亚军。对于我这个班级来说，这个成绩已经很不容易了，这一天是我当班主任以来笑得最开心的一天，我高兴的不是他们的名次，而是在这次活动中他们的表现带给我的惊喜和感动，原来他们身上也有值得赞扬的地方，怎么之前我一点都看不见呢？

我开始检讨，原来我看到的都是他们的缺点，用自己所谓的“好学生”的标准来衡量他们。我只知道他们有很多缺点，经常犯错，违反校规，我认为要狠狠地惩罚与批评，才会让他们长记性，这群学生从小到大最不缺的就是批评，所以对于老师的否定他们已经习以为常了。很多时候，我们会自然而然地忽略掉他们身上的闪光点。作为他们的班主任，我需要的就是发现、引导，给他们缺乏肯定的心灵撒播阳光。调整了心态以后我重新出发，学着去发现他们身上的优点，学着去收获学生带给我的喜悦与感动。慢慢地，篮球赛、叠被子比赛、联欢会、外出活动……通过一系列的班级活动，通过日常的点点滴滴，我看到许多学生从一开始面对老师的表扬十分腼腆，到后来自发地做好一件事情，自豪地接受老师和同学的赞许，眼睛里闪现着光芒。我带着发现的心收获了更多的感动，我才明白付出自己的真心，才会收获学生的理解。

我是一个需要成长的“菜鸟”班主任，在最美好的年纪遇见最青春的他们，我和他们一样需要成长。他们是我的学生，也是我的老师。

幸福快乐不会从天而降，我要做一名幸福的班主任，就要先改变自己，再去影响学生。在此我要向所有可爱的中职班主任致敬，我们在真切的经历中体会酸甜苦辣，我们都应该给不容易的自己鼓掌。

最珍贵的财富

人生中珍贵的情感有亲情、爱情、友情，还有师生情。对于师生这一对关系而言，最珍贵的财富莫过于多年之后，学生仍然记得老师那回眸的微笑，老师仍然坚守着那份教育的初心。

我的脑海里渐渐浮现出第一次见到小倩的样子，她穿着校服，不过对她来说似乎有些小，她的手时不时地要往下拽一下，别人三五成群地在教室里忙着结交新朋友，只有她一个人安安静静地坐在倒数第二排最右边的凳子上，看着窗户外边，不知道在想些什么。刚入学，学生有些闹腾，作为他们的新班主任，我没有太多的时间观察小倩。

直到我布置了这样一项作业："同学们，为了提高大家的写作水平，也为了让老师更加了解大家，以后每周上交一篇周记，希望大家认真对待。"

收上来的作业如我预料的一般——流水账，大多是应付差事。可是小倩的周记还是引起了我的注意：

"昨天下了大雨，妈妈工作太忙，我只好一个人冒着大雨回家，可是别的同学都有爸爸来接。曾经我也是，我说'我可以自己一个人回家'，爸爸说'那不行，一个女孩子淋雨了不好'，无论雨多大，爸爸总是在门口等着我。

"学自行车似乎也是爸爸教我的，有一次他悄悄松了手，我发现以后非常紧张，骑不稳，就摔倒了，膝盖、胳膊肘都摔破了，我很生气，爸爸也自责不已，'爸爸以后再也不松手了'。可是爸爸失信了，我再也看不到爸爸那双温暖有力的大手了。

"我初三那一年，爸爸的病让他无法走路，每天放学后我就推着爸爸在公园散步，给他讲今天发生了哪些趣事。爸爸不愿让我每天推他散步，说耽误我学习，还很累，我不愿意，我坚持推他散步，我不愿意错过和爸爸在一起的每一分每一秒。"

看到这，我的鼻头一酸。小倩的作文并不好，平时考试分数也不高，但周记透露出的真实感情和对父亲的思念深深打动了我。我想应该找时间和她聊聊。

我还没来得及找她，她先来了。那天晚上，我在批作业，她突然来找我，眼眶有点红，跟我说："老师，我好想我爸爸，我好难过，我一点生活的动力也没有，怎么办呢?"话还没有说完，眼泪就像断线的珠子，奔涌而下。我抱着她，静静地等她哭完，温柔地对她说："你的爸爸很爱你，他希望自己的女儿能够坚强快乐地生活下去。你像现在这样，爸爸在天之灵也会伤心的。爸爸走了，不是还有妈妈、老师和同学吗？我们都很爱你!"

后来我给小倩安排了一个班干部的职位，经常找她谈心，还悄悄安排了女同学多和她说话，多邀请她参加活动。努力总是会有成果的，她也慢慢地和同学接触，性格逐渐开朗起来，发呆的时间少了，朋友多了，周记里难过的句子少了，多了许多有趣的事情，常常见到她脸上带着笑……

三年的时光匆匆过去，小倩也顺利毕业了。三年时间的成长让我可以在讲台上侃侃而谈，可以轻松应对学生给我制造的"意外"。每每想起小倩入学时的忧伤和毕业时的快乐，让我对"教书育人"有了新的认识。这是我从教以来最珍贵的财富。

拨开乌云，寻觅成长的彩虹

2018 年 9 月是我从教的第四个年头，不知不觉间，我开始了迎新送往的又一个轮回。

开学不久，一个叫小阳的男生引起了我的注意。某次专业课讲到“嘿客”时，学生们大呼“小阳”。出于好奇，我问了原因。同学们说：“老师，小阳会编程，上次一体机坏了，是他修改好的，他玩游戏也很厉害……”虽然学生把“嘿客”与黑客的概念搞混淆了，我却意外获知班上有如此一位“技术高手”。此后我两次找小阳谈话，他似乎对我没有诉说的欲望，只是简单地以“嗯、哦”回应，最长一句便是“人其实活着挺没意思的”。我心中警铃大响，连忙引导：“你还年轻，人生中美好的事物还有很多。”他听了只是笑笑不语。在接触中，我发现小阳很聪明，但是毫无目标，沉迷游戏，思想悲观，拒绝交流。

苏霍姆林斯基说过，学校里的一切问题，都会在家庭里折射出来，而教育过程中产生的一切困难的根源，也都可以追溯到家庭。我找到他的家长，了解到小阳小学时父母离异，小阳跟随父亲生活。初二的时候，爸爸的生意出了问题，忙于处理而无暇照顾小阳。小阳曾自己一人在家里喝了一个星期的白粥。同时小阳也得不到老师的关爱，与同学相处得也并不融洽，没有要好的朋友，从此他悲观消沉、不愿与人交往。

意大利儿童文学作家德·亚米契斯在《爱的教育》中说：“教育没有情感，没有爱，如同池塘没有水一样；没有水，就不能称其为池塘，没有爱就没有教育。”热爱一个学生就等于塑造一个学生，而厌弃一个学生就等于毁掉一个学生。我想做点事情帮助小阳。于是，在接下来的日子里，我在周末闲暇时和他打几把游戏；每隔两周和他谈谈心……虽然他会渐渐地与我说更多的话，但我还是未能走进他的内心。事情终于在一次合唱排练中取得进展。

校园红歌班级大合唱比赛即将到来，各班都在如火如荼地准备着。活动课上，同学们都在努力配合着文娱委员练习合唱，就连平日的调皮学生也收起了玩性，唯独小阳置身事外，趴在桌子上睡觉。我看到这一幕，重重地拍了一下他的桌子叫醒了他。他很不爽，瞥了一眼说："你搞我干吗，班级合唱少了我又不是不行!"便又趴下去了。被无视的我十分生气，我抓着他的肩膀试图把他拉起来，但他暗中和我较劲，非常倔强地趴在桌子上。"你——!"火冒三丈的我想狠狠地训斥他，但理智制止了我。我马上冷静下来，对其他同学说："你们继续吧。"下课后，我走到小阳身旁，轻拍他的肩膀，对他说："睡醒了吧，跟我来一下办公室。"此时的他出乎我的意料，十分配合地跟我来到办公室。我对他说："老师刚刚当众让你难堪，没有站在你的立场考虑问题，是我不对。"他愣住了，头像拨浪鼓般摇起来，说："没有，刚刚就是困了!"我们谈了很多，谈到个人与集体的关系，谈到为人处事与人际沟通，当谈到人生目标的时候，他突然热泪盈眶，对我说："老师，我错了你还跟我道歉！如果早遇到你多好!"我对他说："孩子，都过去了，我们重新翻开一页……"看着在我面前哭得像个孩子一样的小阳，我知道我终于得到他的信任了。从那以后，小阳慢慢变得开朗起来，树立了考大学的目标，学习更有动力，学期末还拿到了成绩优秀奖。未来的路还很长，我相信小阳的人生会越来越好的。

教育的本质是一棵树摇动另一棵树，一朵云推动另一朵云，一个灵魂唤醒另一个灵魂。心中有爱，终会播种爱。

老师，您是我的眼

校园广播里又在播放歌曲《你是我的眼》，我第一次听到这首歌是十年前，这让我想起一个叫大雄的孩子。

大雄是我们班身材最高大的男生，他经常在饭堂插队，谁拦他他就撞谁。就因为我之前批评了他几句，他居然敢在师生篮球友谊赛上把我给“放倒”，我火冒三丈：“大雄，你太目中无人了吧！整天在学校里横冲直撞，眼里还有校规吗？还有老师吗？”大雄斜着眼瞄我，眼里都是不屑。有一天我去巡堂，看到大雄趴在桌子上睡觉，我把他叫出来批评教育：“做人没有梦想和一条咸鱼有什么区别？”大雄打断了我：“我就是条咸鱼。”我又把马云的话搬出来教育他：“做人还是要有梦想的，万一……”大雄又一次打断了我：“万一实现不了呢？”他顶嘴的反应极快，气得我牙直痛。

没想到这个霸道无礼的孩子第二天就主动来找我了。

“老师，我被校队开除了。”他有点不好意思地看着我，“你能帮我跟教练说说情，让我重返校队吗？”想起他过往的表现，我本想拒绝他，但转念一想，这也许是个改变大雄的好机会。于是我和他订了个契约：如果大雄能带领我们班获得本届球赛的冠军，我就说服教练再收他回校队。没想到他不到三天就放弃了：“我们班那些渣渣，训练都不听我的！猪一样的队友，我带不动！”原来有些队员比较懒散，大雄着急了，就想用力把同学推到训练场，没想到同学不买账，差点打起来。

我看着大雄，推了他一下，他气愤地看着我。我连续推了他几下，他恶狠狠地瞪着我，就要发火了。我微微笑着对他说：“大雄啊，我都推你那么多下了，你什么感觉？”大雄愣了。我继续说：“如果靠身体力量就能让人积极，那你不交作业的时候我是不是该出降龙十八掌呢？”大雄不好意思地笑了，他一笑，眼神变温柔了。他也许意识到了自己的不足，坦然向我表露他怕带不好队伍。为了表示对他的信任与支持，他带队训练时，我就做场边指导，和他一起激励队友。他们休息时，我会带几瓶矿泉水过来给他们补水。慢慢地，大雄越来越像一个专业教练了，变得更加耐心平和，他信心满满地跟我说："老师，我一定拿冠军给你看看！你记得要帮我重返校队。"

经过一番努力，大雄带领队员拼尽全力，拿到了亚军。按照之前的约定，必须是冠军，大雄气得躺在草地上直流泪。我坐在他身边，平静地说道："老师看到了你的努力，也看到了你的变化，老师相信你已经明白了今后该怎么去获得别人对你的尊重。以后回到校队一定要认真努力!"大雄闭着眼睛点点头，分不清眼角滴落的是汗水还是泪水。在那以后，他主动承担了班级拔河比赛的带队任务，承担了课室的打水任务，承包了班里的力气活。同学们说他越来越像个领队了，还推选他为体育委员。从此我们班少了个"熊孩子"，多了个"牛队长"。

他在校园广播里给我点播了一首萧煌奇的《你是我的眼》，还特意让我中午的时候要留意收听，这是我参加工作以来第一次有学生给我点歌，这让我深深地记住了这首歌，也记住了这个特别的孩子。

作为一名中职班主任，要练就一双慧眼，我们要看到学生成才的潜能，还要给他成功的可能。老师要做学生的探路灯，帮助他们看清自我，看明道路，看向未来，看到希望。

我与“第一梯长”共成长

赴广州考电梯证的规定集合时间到了，清点人数时有人喊了句：“老师，阿斌不打算去考证了，估计这会儿还赖在床上呢！”班干部去叫他，他无动于衷；我给他打电话，他也不接。时间紧迫，我只好让司机发车了。就这样，作为“第一梯长”，他放弃了考试。一路上，我的心情很不平静，脑海中浮现出阿斌这一路走来的点点滴滴……

阿斌个子小小的，性格内向，在班级里没有什么存在感。直到有一个班干部跟我说：“郭老师，阿斌动手能力特别强，他到电梯实训中心帮忙，肯定行。”

这时我才注意到阿斌，并安排他到电梯实训中心学习。在实训中心里，他特别勤快，开多媒体，整顿纪律，维护秩序，收拾工具，修理设备，非常受老师欢迎，顺理成章地成为电梯实训中心的管理干部。上“机械基础”课时，他用木料做了能够帮助同学理解机械基础的模型，展现出超强的动手能力。他表现积极，我也经常表扬他，他越来越自信，越来越配合老师。为了方便管理，我们把实训电梯分给 6 个专业能力比较强的同学管理，并任命他们为“梯长”。因为阿斌专业能力强，而且特别勤奋，所以我就把专业学习最高的荣誉——“第一梯长”的称号给了他。

阿斌学习的热情越来越高，我也秉承着鼓励赞美的教育方法，经常鼓励他。但慢慢地，我发现一味地鼓励赞扬也有一定的副作用。阿斌可能有些阅读障碍，文字读写能力很差。电工考证分为理论和实操两部分，阿斌的实操部分没问题，但理论部分需要阅读、记忆大量知识，做大量试题，他在这块儿就表现得非常吃力，每次使用软件模拟考核总是不及格，这严重挫伤了他的自信心。他本来对电工考证是非常有把握的，但慢慢地表现出退缩，甚至逃避。我依然鼓励他，告诉他不要给自己“贴标签”，要勇于冲过去。就这样，磕磕绊绊地，他总算是把电工证考下来了。

假期里，阿斌去考驾照，顺利考过科目一。他上学后兴高采烈地跟我说：“老师，你那句‘不要给自己贴标签’的话激励了我。”那时我还沾沾自喜地以为我的教育结出了成果。

但此刻，我第一次感受到了鼓励赞美的苍白无力，虽然是真心的。作为“第一梯长”，他在最擅长的事情上却选择了消极、退缩和逃避。

阿斌弃考让我进行了非常深刻的反思。其实一直以来，阿斌内心都是非常脆弱的，我发现他的闪光点，用闪光点来表扬他、激励他，让他树立信心，让他对自己形成了很高的期待，但这无形中也给他带来了一种压力。表扬激励并没有从根本上解决他阅读障碍的问题，空泛的赞扬和鼓励，只会让他变得害怕失败，不敢面对失败，更不敢去面对挑战。我给了他“第一梯长”的荣誉，肯定了他的电梯维修技能，同时也给他套上了“在这方面你不能失败”的枷锁。

这时我才想起李希贵先生说过，使用鼓励和赞扬，一定要更加谨慎和小心，这是个技术活，更是个艺术活。鼓励和赞扬他闪光点的同时，千万别忘了，鼓励和赞扬他面对失败的勇气。

如果我早点有这样的觉悟，早点告诉阿斌即便是失败和挫折，在学生阶段也是弥足珍贵的经历，那结局会不会不一样呢?

学生在成长，老师也在成长，我与“第一梯长”一同走在成长的路上。

手机网瘾篇

荣耀王者变形记

小强是我班一个很普通的学生，个子不高，身体瘦弱，其貌不扬，但他在班里威望很高，人称“强哥”，原因就是他游戏玩得特别厉害，尤其是《王者荣耀》。这位在虚拟世界里的“荣耀王者”，在现实当中却是一个精神萎靡、上课总是睡觉、学习一塌糊涂的学生。我试图用爱心来感化他，用赏识帮他戒掉网瘾，但是没有任何成效。

一天下午我正在上课，小强坚持了十分钟之后又趴到桌子上了。我敲了敲课桌，他睡眼蒙眬地抬起头，两只手撑着脑袋，但是不一会又趴下去了。我让同桌把他叫醒，他勉强抬起了脑袋，但眼睛却是闭着的。

下课后我把小强叫到了办公室，对他动之以情、晓之以理，各种“鸡汤”“鸡血”给他灌，小强始终一语不发，一副“死猪不怕开水烫”的样子。这时部长递给我一份文件，说是我们学校微课掌上通的使用率不高，又被点名批评，学生处制定了这份方案，要求班主任想办法提高微课掌上通的使用率，并且将班级的使用情况纳入班级和班主任的量化考核。听到这些，我的脑袋又大了一圈，顺口对站在旁边的小强抱怨了几句：“你看到了没有，做个班主任容易吗！一堆烦心的事要去做，做都做不完，你们不想着帮老师忙，还净给老师添乱！”

这时小强突然打起了精神，十分自信地说：“老师，或许我能帮你这个忙。”“你？拉倒吧！你不给我添乱，我就谢天谢地了！”我很不屑地说。小强并没有放弃，接着说：“老师，只要你白天不收我的手机，咱班微课掌上通这个事就包在我身上了！”看着小强很自信的样子，加之我也不知道该如何解决这件事，就死马当活马医，答应了小强。

第二天早上，我登录微课掌上通，好家伙，几百条未读信息！我好奇地快速浏览着信息，原来小强把玩游戏的技巧和心得发在了上面，还发起了几轮有关如何通关的讨论，他的那些忠实“粉丝”都在上面留言、点赞。我马上找到小强，肯定和表扬了他的这种做法，小强听后十分得意。紧接着我和他说：“微课掌上通毕竟不是游戏交流群，你能不能逐渐减少游戏内容，换成我们班级的一些新闻、趣事，或者有关学习方面的东西?”小强笑着说：“老师，你的意思我明白，不要急，你就等着瞧好吧!”

随后的日子里，小强在微课掌上通发布每一科的作业、上课时同学或老师的精彩瞬间，还建立了班级相册，每天都上传很多有趣、有意义的照片，很多同学留言、点赞。我在全班同学面前表扬了小强的表现，并且打趣说：“这才是我们最荣耀和最需要的‘强哥’。”听了我的话，一向自信的小强竟然脸红了。

从此之后，小强成了我们班的摄影师和自媒体总编辑，成了班里最忙的人。有一次小强还找我抱怨：“老师，就是因为答应帮你这个忙，我现在都没有时间玩游戏了。”我笑了，小强也笑了。

“有心栽花花不开，无心插柳柳成荫。”我一个不经意的决定，却帮助小强戒掉了网瘾，找到了方向。这件事后，我开始反思，什么样的教育才能够真正帮助学生？德国教育家第斯多惠说过：“教育的艺术不在于传授本领，而在于激励、唤醒、鼓舞。”是的，我们作为新时代的班主任，应当给予学生多一份信任，唤醒和激励学生进行自我教育和自我管理，帮助每一个学生成就自己出彩的人生。

贴近你，告诉你

“啪”的一声，一台手机摔在了我的办公桌上。“你们班这个小杰啊！喏，刚刚我上课，他低着头玩手机，我都从讲台走到他面前了，他竟然一点都没察觉，你说说他有多专注！他就应该去上‘手机学校’，专修‘游戏专业’！”刚上完课的政治老师气势汹汹地领着耷拉着脑袋的小杰走进办公室，劈头盖脸地向我投诉。

“那敢情好！我还梦想成真了呢！”小杰并不服气，嘴里还振振有词。

“你……”政治老师气得说不出话来。

“小杰，别胡说！”没等政治老师发火，我先一步制止了小杰，赶忙赔着笑脸说：“您别急，别生气，让我慢慢跟他说！要不，您先回去休息。”

送走政治老师，剩下我和小杰四目相对。我不说话，用眼睛使劲儿盯着他，他被我看得越来越不自在，终于忍不住说话了：“哎呀！老师，你别这么看我，也不能全怪我。她讲课实在是太无聊了！说什么中国梦、我的梦，开什么玩笑！中国梦怎么会是我的梦呢？我的梦是天上掉金子，难道中国梦也是这个吗？”

“胡说什么！中国梦是中华民族伟大复兴梦，是……”

“哎呀、哎呀，头疼、头疼！”

这一回合的交锋，我仓皇落败。小杰回教室后，我陷入了沉思：小杰的想法不是个例，有很多中职生对理想信念缺乏正确的认识和情感，他们认为那是离自己十分遥远的事情。“遥远”，想到这两个字，我突然有了灵感，既然遥远，我何不把它拉近一点呢？

经过一个星期的筹备，我召开了“中国有我”的主题班会。当主题出现在大屏幕上时，引来了同学们一片嘘声，他们认定，这又是一堂无聊至极的班会课。但是，当我的导入——TFBoys的《我和2035有个约》的歌声响起时，欢快的旋律引起了同学们的兴趣，听到自己“偶像”的声音，很多同学还跟着哼唱起来。导入结束了，我问同学们：“刚刚这首歌叫《我和2035有个约》，那究竟约了什么呢？”同学们表示不知道。

在接下来的环节“观看视频，感知理想”里，同学们被视频中各行各业的普通人在自己的岗位上兢兢业业工作的景象感染了，他们认识到中国梦就是由千千万万普通人的梦构成的。下一个环节中设计师贾伟的访谈一播出，就有好几个同学大叫“我偶像!”，我心中窃喜，看来我的调查工作做得不错。同学们听了贾伟关于自己人生成功之路的访谈后，认识到“天上掉金子”这不是理想，为了个人幸福、社会发展、国家富强，踏踏实实奋斗才是理想。班会课的最后，同学们亲手将写上自己理想的拼图一块块拼起来，最终拼装成一块完整的中国版图，我看到同学们的脸上少了戏谑、多了庄重，眼神中少了迷茫、多了坚定。

我深知，这一次班会课并不能使同学们脱胎换骨，不能使同学们一下子就志存高远、理想远大。但是，正如习近平总书记所说，“山再高，往上攀，总能登顶；路再长，走下去，定能到达”。我坚信，只要我一直坚持“贴近实际、贴近生活、贴近学生”的“三贴”原则，终有一天，我会将理想信念这颗种子，种到学生那片生机勃勃、充满芳香的心田里。

你是我的荣耀

这是一件刚发生不久的事情。一天晚修期间，我在家中刚给孩子洗完澡，突然接到了我班的李老师打来的电话："你班的小震情绪失控了，能过来一下吗？""好，我马上过去！"我骑上电动车飞一般地来到班级门口。

李老师站在讲台上，整个班级鸦雀无声。小震书桌倒在地上，书本洒落一地。李老师朝我走来，眼神中透着委屈与焦虑："郭老师，他上课玩游戏，我让他把手机交给我保管一节课，他便大吵大闹，把书桌都推倒了。您来和他谈吧。"

我故作轻松地走到他旁边说："小震，怎么把书桌推倒了？""郭老师，你别管我。"我把地上的书捡起来，放到书桌上："每次上课都偷偷睡觉，可书桌给你的是最有力的支持啊。你缓缓，我在外面等你。"

我坐在教室外的台阶上等了大概两分钟，小震从后门走了出来。我指了指台阶示意他也坐下，他蹲到了我对面不远处，低着头。"一直以来表现都不错，今天是怎么了？""老师，她不管别人，偏偏管我，别人讲话她不管，凭什么没收我的手机？"小震的情绪还是有些激动。

"我记得之前，你因为管宿舍值日的事情，被同学骂了，憋着脾气一拳打到了墙上，都没打同学。你当时还说，郭老师讲了，同一班级的同学就像兄弟一样，不能打自家兄弟，这是做人的底线，今天怎么对女老师这么没有风度呢？一定是有什么原因吧，你讲讲吧。"我之前参加班主任能力大赛训练的与学生的沟通技巧今天派上了用场。"老师，今天打了上晚修的铃声，我还在玩手机，是我不对。但是我是不得已的。""怎么了？""其实，我在帮别人做《王者荣耀》代练赚钱。我爸妈他们生意最近不好，房子还不上贷款，天天在家里吵架，我想自己赚生活费，但是我还不满十六周岁，打工别人都不要我，每周这一百块的生活费我要自己赚到。"看着小震，我不知说什么好。

小震把这番话讲出来后，感觉轻松了很多："郭老师，其实我发脾气，不是因为李老师没收我手机，而是我心里着急，我正帮别人练着级呢，没了手机钱赚不到了，还丢了信用，感觉自己特别没用。”他让我看了替别人代练游戏赚的钱和别人雇他打游戏的聊天记录，还有坐了几个小时公交车去另一个城市参加《王者荣耀》城市赛的照片，其实就是为了赚两百块的生活费。“老师，这些事我都没和爸爸、妈妈讲。”看着高瘦的小震，我欲言又止。这时李老师也走了出来。“小震……”我给了他一个眼神。“对不起，李老师！”小震深深地给李老师鞠了个躬。我们三个人坐在台阶上，小震向李老师解释了原因，并表达了李老师是个很好的老师，她上的课自己很喜欢。李老师原谅了小震。之后，小震在李老师的课堂上表现好了很多，积极主动了很多。后来，我给小震的父母发了条微信，提醒他们多给孩子一些关注。

经过这件事，我又重新思考了玩手机这件事，我们经常会担忧学生沉迷手机游戏，但我们只是单纯怪罪手机，却忽视了最重要的孩子的心灵。多数沉迷于手机的学生，有的是在现实中压力过大，有的是在生活中找不到自己的价值，有的是想借助他们唯一能做好的事情为爱的人做些什么。

有了这一段经历，我越发体会到班主任职责的重要。做一名有仁心、有爱心的班主任，要走近学生，要聆听他们的声音。在他们失落、无助、情绪失控、需要我们的时候，理解他们，告诉他们：“《王者荣耀》是你的荣耀，而你是我的荣耀。”

用爱感化心灵

2017 年我工作调动，来到了新的学校并再次担任班主任，这距离我上一次担任班主任已时隔 11 年。

当时正赶上东莞市教育局对云南山区的教育帮扶政策，根据学校的统筹，我班接收了 9 位云南籍的学生。这些同学来自山区，纯朴善良，但学习基础比较薄弱，大多比较自卑。

小何是 9 位云南籍学生中的一员，他性格孤僻，不爱说话，也不喜欢和同学们一起玩。班干部多次反映小何上课期间不交手机，但是也看不到他在玩手机。我多次找他谈话，他总说手机落在宿舍，没带在身上。我以为是小何觉得手机贵重，担心磕到而放在宿舍。但随着我的暗中观察，发现没那么简单。他上课时总是低着头，很少抬头看黑板，每节课都是对着一本大大的电脑书出神，经过他身旁时他会把书合上，还美其名曰“电脑成绩不好，加强电脑学习”。根据我多年的学生管理经验，这本书绝对有“猫腻”。

在我的课堂上，终于逮到一个机会把他那本电脑书没收了，翻开那本书，果不其然：书里面被挖空了，刚好装下一部手机，书本合上后从外面根本看不出来，这样他就可以在课堂上肆无忌惮地玩手机了。我又气又恨，把他叫到办公室，当场质问他：“为什么要耍小聪明？为什么要欺骗我？还想不想读书？”他站在那里神游，完全不屑回答我连续的质问，也完全没有犯错的内疚感。

“按照学校的要求，手机没收三个月，下学期再来拿吧！”这时距离学期结束只有两个星期时间。

“手机不能给你，我没钱吃饭了，要跟同学兑现金才有钱吃饭。”他终于开口了。

“行，现在我给你兑，兑完后把手机给我。”我气愤地说。

可是，等我给他兑完现金后，他却把手机放回口袋里，无论如何也不愿意把手机交给我。他头侧向一边，静静地站在那里，任我怎么发火都无动于衷。他的家长远在外地，所以叫家长过来处理是不可能的。我无计可施，最后气急败坏地朝他吼了一句："不交手机就不能回班上课！"他听后一脸无所谓地走了，接下来几天，他都没来班上上课，一直在宿舍睡觉和打游戏。

其实，在那些天里，我一直密切留意他的精神状态，还经常跑到宿管那里了解他的生活情况，帮他填写并上交助学金申请资料，一直在默默关心和帮助他。考试前一天我走进了他的宿舍，跟他聊了一阵子，他始终表现得比较冷漠。

他来考试了，他看了我一眼，但没有语言交流。很快放寒假了，我和他没有太多的沟通。放假的第二天我意外收到他的信息："老师，对不起，您那次在宿舍跟我说的我都懂，您为我默默付出，同学也跟我说了，我这个学期表现不好，开学我一定会按要求上交手机的，给您添麻烦了！"

看到这条信息，我心微颤，这不正验证了教育家巴特尔说的"教师的爱是滴滴甘露，即使枯萎的心灵也能苏醒；教师的爱是融融春风，即使冰冻了的感情也会消融"吗？如果当初在处理手机问题不是那样简单粗暴，而是给予学生更多的关爱和足够的包容，会不会有截然不同的效果呢？这一刻，我终于明白，学生出现问题，用爱去感化，会比大声斥责更加有震撼力。

王者归来

“曾经我也是个‘王者’，直到我的‘终极 boss’——汪老师来了……”回来做经验介绍的优秀毕业生小风，现在是某网站的编辑。看着在台上侃侃而谈的小风，不敢相信曾经的他是大家眼里无可救药的网瘾少年。

我清楚地记得当时小风气急败坏、手抓栏杆、以死相逼的样子：“老师，你要是收走这部手机我就跳下去！”小风疯狂的举动吓坏了在场所有人，家长闻讯赶来，却也无可奈何，只能捶胸顿足。

为什么小风这么在意这部手机呢？经过多次沟通，小风才告诉我，从初中到现在他已经被爸爸砸坏过很多部手机了，这是他刚刚在暑期打了两个月的工才攒钱买到的一部新手机，也是他唯一的一部手机。身材矮小的他学习不佳，运动能力又差，唯一值得骄傲的就是手机游戏打得不错。小风说：“是《王者荣耀》给了我荣耀。”

在和小风多次接触中，我渐渐理解了他的心情，甚至有点同情他。我先是肯定了他打工赚钱的行为，然后告诉他学校有明确的规章制度，只有通过积极表现才能争取早点拿回手机。我告诉他，我手机里也有一款好玩的游戏《看图猜成语》，如果他能连过 20 关，我就把手机还给他，但是每周他只有一次挑战机会。我偷偷设置了难度，小风第一次玩就过了 10 关，这让他看到了希望，但是后面的却越来越难，他始终突破不了 14 关，这让他很不甘心。第二个星期、第三个星期他都来挑战，最终都以失败告终。

“老师，求求你，让我再玩一局，就再挑战一次！”

“小风，为什么你总是突破不了呢？因为你走到这一关基本靠的是运气，但是成功是需要知识和经验的积累的。我们说好的一周只有一次挑战机会，如果你这周不使用，可以把机会留到下周，但是绝对不会多给你机会，明白吗？”

小风咬着牙离开了，很长时间没有来找我，我看到他桌面上摆着几本《成语故事》《成语大全》，我知道他并没有放弃。两个月后小风笑着来找我，眼神里少了些急躁，多了些自信：“老师，我现在是不是有八次挑战机会可以用？”尽管我把难度调高了一些，小风还是顺利地在第三次挑战时完成了连过20关的任务，看着手机屏幕上出现“挑战完成”，小风激动地手握拳头高声呼喊。

教育无痕，润物无声。春风十里，不如一句“班主任懂你”。我把手机还给小风的同时，交给他一个任务——创建班级公众号，每天发布班级通知、班级新闻，小风愉快地接受了。从此，小风拿起了“班级荣耀”，放下了《王者荣耀》。小风创立的班级公众号成为学生们自我管理的平台，学生们经常在公众号上点赞留言、了解班级通知、讨论班级事务。为了吸引更多的同学参与公众号的建设，小风认真学习了网站管理技术，又考取了多个计算机类证书，毕业后成为某知名网站的编辑。

小风的故事不但激励了众多的学弟学妹，也激发了我做教育的信心。马斯洛认为，每个人都有希望受到别人的尊重、信赖和高度评价的需求。其实中职学生更是如此，他们用手机看新闻、开群聊、打游戏，最根本的目的也是开阔视野，增长见识，获取互动等成功体验。在今天的社会，我们不可能让学生与网络隔绝，因为这是时代发展的需要。我们要做的是帮助学生认清网络文化，建立上网规则，借助网络技术，网罗学习中的“荣耀”，帮助他们成为生活中的“王者”！

沟通篇

都是眼神惹的祸

“我不读书了！我要回家！”

“你和我说没用啊，等你班主任下课回来你跟她说。”

我一进办公室，就听到争论声。一看，是小威在缠着语文老师给他开放行条，要离开学校。一问，竟然是小威打了我们班的小成，打算一走了之。

小成是本地人，高大强壮，是个运动健将；而小威则刚从湖南跟随父母来粤读书，个头不高，长相老成。是什么原因让小威敢打小成呢？还是先问清楚再说吧。

“你刚刚说你打了小成，你为什么打他？”我的眼神里透着不耐烦。小威看了我一眼，不回答。

“究竟为什么打人？你倒是说话啊！”我的眼神越发犀利。小威仍然不作声，表情也变得强硬。

“嘿！你一句话都不说，我怎么帮你啊？”我试图给他台阶下，但他还是没有回应。

我顿时生气了，这是什么态度！无声的抗议吗？难道打人还有道理了？现在的孩子真难沟通！“沟通”，想到这两个字，我突然想起参加过的一次沟通主题的班主任培训，内容讲的是“同理心”的建立。想到这，我猛然醒悟，原来小威不回答是因为我问的方式不对。

我拉了把椅子让小威坐下："小威，老师想你肯定不是无缘无故打人的，一定是小成做了什么让你忍无可忍的事了。在老师这里，你可以不用忍着，我愿意听你说说。"

小威突然涨红了脸，声音中带着愤怒："他每次看我都是瞧不起人的眼神，和其他同学一起对我指指点点，还叫我'捞仔'，我知道那是什么意思，我忍着，不理他。刚刚上机床课，我很客气地让他帮我递一下工具，可他回头看了我一眼，他那个眼神……"

现在问题清楚了，原来都是不友善的眼神惹的祸。

我赶忙调整自己的情绪，用安慰、温和的眼神看着小威，放低了声音说："嗯，小威，我了解小成，能想象他是什么眼神，被他用那样的眼神看，确实让人感觉很不舒服。"

小威长长呼了一口气，愤怒的神情缓和了不少。

"老师，我知道打人是不对的，学校怎么惩罚我都行。但是，如果以后小成还是这样，我……"

"你愿不愿意信任老师能处理好这件事呢？"

小威抬起头，看到我坚定的眼神，默默地点了点头。

当晚，我批评教育了小成等同学。他们承认了自己的错误，承诺以后会和小威友好相处。对于小威打人，小成表示按学校规定处理，他不再追究。

第二天，小威接受了学校的处分。一个眼神引起的风波终于平息了。

每每想到这件事，我的内心都阵阵波动。原来，只是一个眼神，却能带给人如此巨大的影响和冲击。我发现，学生之间可以用眼神传递友善，班主任更可以借助眼神拉近师生的距离。关爱的眼神带来春的温暖，冷漠的眼神带来秋的萧瑟，鼓励的眼神带来夏的热烈，愤怒的眼神带来冬的寒冷。

我要用好我的眼神，对学生无论是深深凝视还是匆匆一瞥，都投之以爱、注之以情，相信学生的心灵会因为我的眼神充满阳光、洋溢温暖。

见字如面

小伟是一个高冷的男生，肤色黝黑，瘦瘦高高，脸上极少露出笑容，绝少和同学来往，和老师、同学说话常常惜字如金，“嗯”“是”是回答大家最常用的两个字。于是班里的同学给他起绰号“老爷”，以示其高冷神秘。

“老爷”让我很头痛，经常缺交作业，问起来往往半天不发一语；和同学出现矛盾，问起原因来也从不说话。最奇怪的是，想找他的家长了解情况，打了几次留在家校联系表上的电话，却总是无人接听，看来“老爷”不仅性格高冷，身世也确实神秘。

暂时没有好的办法，只好按捺住我好奇、焦虑的心，等待时机的出现。好在我没有等太久。

年级制定了高效学习计划本，这个本子上有一页是一周总结。为了让学生不要觉得写一周总结是沉重的负担，我就告诉学生，把愿意告诉我的有趣的事写上去，让我读了开心快乐的下周有奖。于是学生写得很起劲，有写宿舍的趣事的，有写课堂上的糗事的，经常看得我哈哈大笑。“老爷”的本子照例只有两三句话，也都无趣得很，于是我照例每周都在他的本子上批写：“下次多写点，老师很期待。”

这样过了两三周，当那个晚修我翻开“老爷”的本子时，我被惊到了，居然写了满满两页，而且字迹工工整整。写的内容是他周末在家里池塘边钓虾的事情，而且居然颇有曹文轩的风味。里面写道：“池塘边微风轻轻的，我静静地看着碧绿的水。有没有虾上钩我一点也不在乎，我开心的是这个世界只有我一个人，不用被别人嘲笑，不用看别人的脸色。如果一个人能像天上的云彩就好了，这样想飞多远就飞多远……”我把这篇文章认认真真地读了好几遍，我越发觉得这个沉默寡言的孩子其实有着敏感而多情的内心世界，只不过某些东西让他把这些情感都遮掩了起来，不愿意被人看到，我猜测造成这种情况很有可能是因为他在成长的路途中受到了什么伤害。于是我在他的文章后面写道：“真羡慕你有这样一片宁静的池塘，老师也想做天上的云彩，那样就可以和你站在一起，听听你从风中带来的故事。希望下次还能读到这么美丽的文字。”

本子发下去了，我悄悄地观察小伟，他细细地读了我写的话，却还是面无表情。看来走进“老爷”的心扉真不是件容易的事。

好在他每周都写，于是我也每周都读得格外认真，有时会写一些长长的评语，有时也会写一写自己经历的趣事。课余时间，我会故意拉着他聊天，尽管他回答的话语依然不多，但多数时候脸上会有一些淡淡的笑容。

那一周，我又一次打开他的本子。这次的文风却与以往大为不同，字里行间充满着一个少年对不幸命运的怒火与怨恨。原来小伟的父母感情一直不好，小伟的童年充斥着打骂、争吵，他的父亲因为和母亲争吵，甚至掐着小伟的脖子，说要杀死他们娘俩。后来父母离婚，母亲再嫁，小伟跟着外公生活，渐渐就养成了这样的性格。文章的末尾写道：“我真痛恨命运，为什么让我生在这样一个家庭？为什么拥有这样的父母？”读完这篇文章，我陷入了久久的沉默和思考，我该如何去帮助这个少年呢？我在文章的后面写道：“以前，任老师不知道你为什么总是惜字如金，不愿对人袒露心扉。今天之后，任老师明白了你生活的不易。如果你愿意，我随时在这里倾听你的心声，给你我力所能及的帮助，你愿意给我这样的一个机会吗？”

本子发了下去，我忐忑不安地等待了一周。这一周小伟看我的眼神是复杂与不安的，我知道他的内心正经历着艰难的抉择。还好，当我再次拿到本子时，我看到了“愿意”两个字。

从那以后，我每周和小伟用文字做着交流，他会把他的生活苦闷和成长烦恼向我倾诉，也会把他看到的一些班级现象和生活趣事跟我分享。而我每次都会认真阅读，给出我对这些事的意见和看法。我越来越能读懂小伟的所思所想，也越来越知道怎么样去帮助他，而小伟的周记中开心的事也越来越多……

生活中总会有一些像小伟一样的孩子，他们更愿意用文字说话，诉说自己不愿人知的秘密。见字如面，用文字和另一个心灵沟通，谁又能说不是教育的另一种艺术呢？

失去，也是一种成长

周日中午，正在熟睡的我突然被一阵电话铃声惊醒："梁老师，我……我被骗了，我的 1000 块钱没有了……"电话里的声音伴着抽泣，我立刻意识到问题的严重性，一边安慰着，一边告知我马上就到。

电话那头是小凡。小凡是一位来自云南昭通的女孩，秉性善良，乖巧懂事，是大家公认的好学生。因家境困难，她每周都会利用周末在学校附近的酒店做临时工。这天刚好发工资，她高兴地拿着一个月挣来的 1000 块钱走在回校的路上，突然一位开着豪车的男子向她问路、借钱，说了一大堆理由并再三承诺会加倍偿还。纯朴善良的小凡一点戒备都没有，立即好心地把身上的钱全部借给了他。骗子利用她的善良，骗走了她辛辛苦苦挣来的生活费。小凡跟我说起这事已是泪流满面，泣不成声。

这时，作为班主任的我也十分气愤，虽然我一再对学生进行防骗教育，但想不到这样的事情还是发生了。了解事情的来龙去脉后，我第一时间带着她去公安机关报案。可我心里明白，当下还有两个重要问题急需解决：一是这笔钱对小凡来说并不是小数，接下来一个多月的生活费没了着落，怎么帮助她渡过这个难关呢？二是现在小凡被骗了，心里一定很郁结，怎么帮助她解开心中的结呢？那晚，我躺在床上，久久不能入睡。

事情已经无法改变，除了面对残酷的事实，接受教训，我们还能做什么？思来想去，为了开导小凡，周一清早，我早早地来到办公室，趁早自习时间我把小凡叫到我办公桌前，我打开电脑，给小凡播放了一段我精心挑选的视频。该视频讲述了一名大学生被骗了 5000 元的故事，以及她后来是如何积极面对这件事情的。看完这段视频，我慢慢地引导小凡："这次经历对你来说一定很痛，那就说明这 1000 元值了。"小凡一脸不解地望着我，我继续说："你想想看，经过这个事件，你是不是提高了警惕性，如再遇陌生人向你借手机、现金等，你就不会再轻易相信而上当受骗了。另外，虽然经历很痛，但也锻炼了你以后看人看事的能力，不是吗？"小凡默默地点点头。我继续引导小凡深入思考如何看待得失，最重要的是，不要因为这件事情而摒弃自己的善良，要一直保持对世界的友好。经过长达一节课的深入开导，小凡的脸上终于绽放出笑容，她对我说："老师，我认识到了有舍就有得。通过这个教训，我以后会提高警惕，一定不会再有类似的事情发生。"听了小凡的这番话，我内心放松了许多。为了彻底解开小凡的心结，帮助她减轻经济负担，我私下找来班长商量，在班内进行了一次捐款活动，所得款项全部赠予小凡作为生活费，算是解了小凡的燃眉之急。

著名教育家阿米尔说过：懂得如何启发，是教人的一大艺术。在接下来的这周主题班会上，我以"防骗"为主题，进一步帮助学生提高防骗意识，加强人身安全和财产安全的保护意识。

学生在成长过程中难免会碰碰撞撞，可能会付出各式各样的代价，包括金钱的代价，这就是成长。对于在生活中受挫的学生，我们老师要给予最大的关心与爱，引导他们尽快走出来，以积极阳光的心态面对生活，并引以为戒，让学生在汲取经验教训中成长！

另辟巧径，绝处“逢生”

本学期，我们班被学校安排到某酒店餐饮部顶岗实习。学校要求学生出发前须得到家长的签字同意。前期的思想动员工作很顺利，就在我暗自庆幸的时候，接到一个焦急的电话：“老师，怎么办？我爸不签字，他不同意我去做服务员。”电话是小娟打来的，她父母十几年前来中山做生意，一直把小娟丢在老家，直到初三毕业后才接到中山。出于一种亏欠和补偿心理，父母对小娟的学习、生活事无巨细，呵护备至，当得知小娟要去酒店做服务员，家长很是抵触。我让小娟把电话给她爸爸接听，小娟善意地提醒我：“老师，你还是不要跟他通电话了，我爸不接，他正在气头上！”我只好安慰小娟不要着急，我再想办法解决。

“明知山有虎，偏向虎山行”，我在充分思考好如何跟小娟爸爸进行沟通后，拨通了她爸爸的电话，她爸爸开门见山宣泄心中的不满：“我坚决不同意我女儿去酒店做服务员，我女儿读的是会计专业，若一定要去实习，也应该去做会计有关的工作，而不是去当服务员……”我耐心地听着她爸爸的抱怨，想等他发泄完，我再跟他好好解释实习的目的和意义。但是，她爸爸越说越气愤，最后直接把电话挂了，我纵有三寸不烂之舌，也无用勇之地。幸好，我和她爸爸平时有微信联系，我把我想说的话以文字的形式发给他，可是他一条也没回。

后来，小娟提议说：“老师，要不我偷偷地去实习，反正我爸也不知道我在学校还是在酒店。”我当场否决了小娟的提议，学生在校外实习，家长有知情权。我问小娟：“你妈妈的态度是什么？”小娟说：“我妈妈没意见，她不作声。”我马上调整思路，立即拨通了小娟妈妈的电话，约她见面聊。我努力做通小娟妈妈的思想工作：一方面，充分肯定父亲对女儿的保护心理，非常理解小娟爸爸的反对态度；另一方面，强调保护孩子的最好方法就是让她去社会上多锻炼，重申此次实习的目的和意义，详细解释了学校对校外实习的安全保障措施。小娟妈妈听完后对我说：“老师，今晚我跟她爸谈谈，你明天再打一个电话给她爸试试吧。”

第二天，实习大巴车就要出发了，我再一次拨通了小娟爸爸的电话。这一次，她爸爸的态度让我很意外，他在电话中不停地向我解释："之前拒绝签字是因为不清楚实习的目的，以及学校对实习的保障，昨天我挂了老师的电话，可是老师仍然没有放弃做家长的思想工作，我相信，这样负责任的班主任一定会为学生的安全考虑好的，所以我同意小娟去酒店实习。"放下电话，我如释重负，立即通知小娟登上了实习的大巴车。

纵观整个"拒签"事件，小娟爸爸的态度由一开始的强烈反对到后来的大力支持，这一大转变的重要原因是小娟妈妈在中间起了桥梁作用，以及我对家长坚持不懈地积极沟通。

记得教育家苏霍姆林斯基有句名言："没有家庭教育的学校教育和没有学校教育的家庭教育，都不可能完成培养人这样一个极其细致的任务。"班主任是学校教育和家庭教育互相渗透的直接渠道，如果与家长沟通不畅，会严重影响班级工作的正常开展和家校关系的和谐发展。所以，班主任在与家长沟通时要特别注重沟通技巧，当遇到沟通不畅时，要多想办法，另辟巧径，定能绝处"逢生"。

留守孩子的心回家了

在我的教师生涯中，有这样一个让我印象深刻的学生。

他叫小羽，瘦瘦的，中等个儿，遵守纪律，但极少开口讲话，与同学有距离感，总游离于班集体外。我联系他的家长，想了解他的成长历程。谁知一说到孩子，他妈妈就泪流满面。她说，在外地打拼十来年，终于有能力把孩子接到身边，她兴奋地回老家接孩子，然而孩子没有兴高采烈，反而是回避闪躲，一起生活后也不愿意和父母亲近、沟通。

我理解家长的着急与无奈，从心理学角度安抚和鼓励她说：父母在孩子幼儿期和童年期缺少足够的陪伴，少年期再想和孩子培养亲密的感情，就需要更多的时间和更多的方法去重建关系。其实沟通不是只有语言，活动育人的效果比简单说教更好。孩子不愿意讲话，可以以参加公益活动的方式拉近父母与孩子之间的距离。小羽妈妈听了我的建议，决定试一下。

起初小羽不太愿意去参加公益活动，毕竟这些公益活动挺辛苦，有时拿着垃圾袋去户外捡垃圾，又累又脏；有时在烈日下组织活动，一天下来都晒黑了。

为了突破这一瓶颈，我和家长合计，他们在家里鼓励孩子，我在学校宣传公益活动的好处。渐渐地，小羽愿意去了，几次后，他会主动帮忙拿东西、收拾物品，还找到了志同道合的朋友。

当我正在为小羽的进步高兴时，他妈妈情绪激动地给我打电话说："老师，这段时间孩子要钱的数量增多了，逼问后才知道他在做淘宝刷单。我感觉他被骗了，不同意他再去做，他生气了，已经好几天都不和我们讲话了。您说怎么办才好啊？"

"从这件事中你们有没有发现孩子有什么优点呢？"我询问道。

"乱花钱，轻信别人，能有什么优点啊？"他妈妈不假思索地说。

"家长要学会鼓励和尊重孩子。其实孩子刷单说明他想独立，不愿意什么都问父母要，这是有责任意识的表现。另外，淘宝等网络新生事物可能是他们未来的职场平台，不可能不让孩子接触的，与其堵塞，不如让孩子在错误中尝试成长。您可以先去全面了解淘宝刷单这一新生事物，等孩子周末回家，全家一起商量如何做淘宝刷单吧。”听我这样分析，他妈妈冷静了很多。

最后经过全家协商，父母同意小羽做淘宝刷单，每月额外给小羽三百元费用，但同时要求他有支出和收入的账单。

一个月后，我询问小羽这事的后续。“老师，我已经不刷单了。刷单耗时太多，只能挣一点小钱，而且刷单是在欺骗消费者，即便挣到了钱也不光彩。”

这个成长多么让人欣慰！在这次尝试中，家长虽然损失了一点钱，但赢取了孩子的信任，孩子也在尝试中学会判断、学会分析！

期末时小羽妈妈告诉我，孩子现在提起自己曾经的留守经历时不再委屈了，反而会说这是爸妈一直努力想让家里人过上好日子。

留守的经历不能逆转，责怪父母没有及时陪伴是不合适的，一味同情也不能让孩子真正成长。只有家校合力，父母重建角色，孩子的心才能回归家庭，实现合家欢的目标。

以爱之名为学生保驾护航

记得2017年，我刚刚接手中专一年班级时，可谓是“新官上任三把火”，班级内大大小小的事都想做到极致。眼见到了运动会之际，对班级荣誉看得很重的我，一直督促同学加强训练。

运动会当天，各班已按划分的区域集合。我心想着：“同学们这阵子各方面都有加强，今天的出勤率又是百分百……”突然，纪律委员来汇报说：“小悦不在。”完了，这次的精神面貌奖怕是悬了！上午的运动会一结束我就把小悦叫到办公室。

“上午的运动会怎么没来啊？”我严肃地看着她。

“老师，我身体有些不舒服。”

现在的孩子啊，真是娇生惯养，受不得一点风吹雨打，每天都有一万个理由给自己开脱，我忍不住声音高了几个分贝：“以前天天请假排练也没见你哪儿难受，怎么一到运动会就这儿疼那儿疼的？”

“老师，我昨天演出忘了吃晚饭，晚上胃疼就去了医院。”

“不用解释了，你回去写份检讨，下午必须参加运动会。”她一言不发离开了。

第二天，小悦交检讨的时候，我正在批改作业，她把检讨放在我桌子上，冷着脸就走了。

从这以后，只要是我的课，小悦一定低着头在桌子上写写画画，从来不肯抬头听讲，我提醒过多次也没有作用，甚至在一次我群发通知的时候，才发现她把我的微信拉黑了。我尝试叫她来办公室谈心，但效果并不理想，一时间我陷入了迷茫。

于是我向一些工作经验丰富的老教师请教。慢慢地我明白了，学生的进步，特别是心灵的成长是需要时间、过程和机会的，作为班主任真正要做的是走进学生的心里，用师德引领他们成长，把他们当作自己的孩子来爱。而那些荣誉、奖项，只是一种记录符号。年轻气盛的我却本末倒置了。

学期结束后，在跟小悦爸爸的电访里，我表扬了她的进步和多才多艺，她爸爸笑了笑，说道：“一个女孩成绩好有什么用，还不如赶紧找工作，家里还有个弟弟要读书呢。”

电访结束后，我心里总像有块石头压着。恰好假期学校有个才艺展示申报，小悦是最合适的人选。借此机会我跟她的爸爸通了电话，详细跟他聊了小悦的情况。从她爸爸的言语中，我隐约感觉到她爸爸对她有所忽略，心思都放在弟弟身上，而且，小悦自小就跟爸爸关系不好，爸爸经常打骂她，这对于青春期的女生来说影响是很大的。于是我建议他多跟小悦沟通，了解她内心的真实想法，不要觉得女孩子读书无用，或者上了中专就不用管教了。青春期的孩子具有反叛心理的同时，也极需要关爱，家长应多鼓励、多表扬，并告诉他有问题随时打电话找我。她爸爸沉默了很久，说："您费心了。"

新学期开学没几天，又迎来一年一次的教师节。我收到了来自小悦的第二份检讨，她主动提起上学期和我的矛盾，并对我表示了歉意和感激。瞬间，压在心上半年的石头终于落了地。

这段经历让我深刻体会到：教育风格可以各有千秋，但“爱”是永恒不变的。我希望能以自己的绵薄之力，以爱之名为学生保驾护航。

那些还未绽放的花骨朵儿

我做班主任已经很多年了，碰到过许多来自单亲家庭的孩子，他们的成长格外让我挂心。因为他们，我笑过、感动过，也难受过、委屈过、伤心过，而且面对他们，我经常茫然而不知所措。可是，每当他们即将毕业时，我却清楚地知道我舍不得他们，舍不得这些还未绽放的花骨朵儿。

阿海，是那些还未绽放的花骨朵儿中的一朵。

刚一入学，阿海就以一头长发、一件宽大而不合身的衬衣，还有那冷漠而散乱的眼神，吸引了我的目光。后来的一个月中，我慢慢地了解到他出生不久父母就离异了，母亲远赴异国，而父亲从事着一份早出晚归的职业，无暇顾及他的成长。每天望着教室角落里孤独沉默的他，我的心中总有一丝忧虑。我请他的父亲到学校沟通，可这个脸上写满沧桑的中年男子，除了对儿子的指责，剩下的只有不停地表达歉意。于是，我只好频繁找阿海聊天，聊他的一日三餐、他的生活、他爱玩的游戏；上课总找一些机会来表扬他、肯定他；提议同学们选他做体育委员、篮球队队长。他似乎慢慢地融入了这个班级，看见我会笑一笑，叫一声“老师”，周围也有了几个相熟的同学。我悬着的心慢慢放松了一些。

终于，阿海升上了初三，学习成绩虽然起色不大，但人健壮了不少，脸上也有了些血色。在一个临近国庆假期的下午，我看到他嬉笑着冲到一个女同学的背后，伸出手在女同学的脸上搓揉了几下，然后嬉笑着跑开。我把他叫到面前，本想平心静气地告诉他要注意一下。谁知急于放学的他很不耐烦，不以为然，甚至还当着许多学生的面对我爆出一句粗口。火冒三丈的我再也忍不住了，用手指着教室外让他滚出去。他怔怔地看了我好几秒，突然扭头就跑。我想喊住他，可就是说不出话来。到了晚上，冷静下来的我给他的爸爸打去电话了解情况。他爸爸告诉我他哭得很伤心，还说再也不愿意来学校了。一瞬间，我感到十分愧疚与后悔，因为我的一句话摧毁了一根支撑他心灵的支柱，我得想法挽救回来。于是，长假七天，我每天都会给他发几条短信，向他道歉、解释、说明道理。我还发动他周围的亲人朋友帮助我。终于过了一个星期，他回到了班级。当天，我首先当着全班同学的面向他道了歉，同时讲了我当时之所以生气冲动的原因，又以此为例向全班同学强调了男女同学应如何正常交往。

我和阿海最近的一次谈话是一个阳光明媚的午后，他淡淡地笑着跟我说毕业后想去一家超市打工，靠自己来养活自己，而且他前几个暑假已经去实习过，他相信自己可以做好。说这些话时，阳光在他的脸上镀上了一层金色，他在我的眼中像个骄傲的英雄！

以教育的视角来看，阿海或许现在仍是一朵还未绽放的花骨朵儿。如果再给我一次机会，我会更加积极主动地联系他的家庭、社区、学校的社工和心理老师，为他营造一个更好的成长环境。我会更加冷静、更加沉着、更加耐心地与他沟通，为他提出一份更美好的人生规划。这样，他绽放的日子或许会更早些吧！

为人师的日子里，我想对我的那些花骨朵儿们说："我是一朵云、一棵树，是他们这一程的陪伴者，为他们挡一些风、遮一些雨。分别的日子里，我想念他们，我梦见他们开出了朵朵灿烂的花儿！"

教育，要走进心灵

担任全男班班主任对我来说已经轻车熟路了。自我担任机加 1702 班班主任以来，班级事务有条不紊地进行着，但看似风平浪静的氛围下，正酝酿着暴风雨。

一天晚上我刚回到家，收到班委信息说阿彬无端大哭。阿彬是个沉默话少、眉头紧锁的男孩。我想起开学初的心理测评显示他心理有异常，这让我感到不安，于是我拖着疲惫的身躯赶忙返回了学校。

此时阿彬仍趴在桌子上哭泣，我拍拍他的肩膀，小声说："老师感觉到你不太开心。"阿彬抹着泪眼低头说："老师，我没事，不用担心。我不想让自己不好的情绪影响别人。"我进一步引导说："没关系的，老师很愿意听你诉说。"他还是坚持不给别人添麻烦。以前他说不用担心时，我认为那是他懂事，现在我才意识到，其实那是他倔强的自我保护。那段时间他说得最多的是："我一个人不开心就够了，不想把负能量传给别人，增加别人的负担。"我感到问题的严重性，就安排与他关系好的同学陪着他。

同时我将此情况与学校心理老师进行沟通，心理老师给阿彬做了一次心理辅导。最后心理老师评估阿彬的情况已经超出学校的心理辅导范围，需要转到专业的心理医院诊断与治疗。听到这，我连忙打电话与阿彬的家长沟通，家长也感到孩子的异常。最后经过专业诊断，阿彬患有中度抑郁症，医生建议吃药控制。

阿彬回校前，我跟几个与他关系较好的同学进行沟通，让他们时刻陪伴他，关注他的情绪变化，多关心他，有异样及时联系班主任。返校后，阿彬看似很平静，一直说他没事，我知道他很善良，不想给别人添麻烦，不想让自己的坏情绪影响别人，所以他压抑自己，以至于情绪没有及时排解，导致心理失衡。后来我了解到，吃药会使他嗜睡，所以他经常不吃。这样下去病情无法改善，我要帮他。

经过多次诚恳的交流，他慢慢对我敞开了心扉。阿彬的父母在他小学时离异了，他一直跟随父亲生活。父母在离异前无休止的吵架中每次都提及他，善良的阿彬一直认为是因为自己才导致父母离异。负罪感和家庭的不完整让他一直很痛苦，他找不到自己存在的价值，只有在虚幻的游戏世界里，才能摆脱现实的痛苦。他甚至产生过自杀的念头，但善良的阿彬不忍心丢下爸爸一个人，以致常常会情绪低落、流眼泪。

一天晚上，他突然打电话给我，哭着说："老师，我很怕，我要回家。"我立刻安抚他说："好，老师立刻叫你爸爸过来，老师现在过来，你爸很快就到。"回家后，家长说阿彬的情况日益严重，出现幻听、幻觉，还在他的房间发现了菜刀。我感受到了家长的焦虑和无助，但这已经不是我能解决的问题了。咨询心理老师后，家长为其办了休学，去广州专科医院住院治疗。

这件事带给我很大的触动和震撼。教育是需要注入爱的，然而爱的方式不对，就会变成伤害。阿彬的父亲是爱他的，对于孩子出现的问题他感到很懊恼，因为他知道孩子的问题很大程度是受家庭的影响，如果当初少点伤害的话语，多点关心和陪伴，阿彬或许就不会变成现在的样子。

其实不仅是父母，老师的教育也是如此——教育要走进学生的心灵！要从学生的需要出发，贴近学生的心理需求。老师在教育的过程当中要时刻注意自己言行举止给学生带来的影响，给学生多一点爱、多一点正能量！

用心倾听

学生作为生命的个体，有着丰富的内心世界。倾听是一把打开学生心扉的钥匙。教师要做一个耐心的倾听者，通过倾听获得信息，经过客观分析，做出正确的判断，给予学生准确、及时的指导和帮助。教师应用心倾听，沟通师生间的思想感情，消除相互之间的隔膜，达到教育的目的。

然而，用心倾听是一门学问，学会并做到并不容易。

那是几年前的一个下午，我校班级葫芦丝大赛正如火如荼地进行着，校园里回荡着一曲曲悠扬的葫芦丝乐韵。

很快就要轮到我们班出场了，我赶紧在后台给学生们整好队，逐个检查他们的着装和手里的葫芦丝，忽然发现小华同学手里竟然拿着一个A调葫芦丝。比赛前我已经再三强调今天比赛全班都用D调葫芦丝，在这个节骨眼儿上小华竟然拿错了葫芦丝，我顿时火冒三丈，不由分说地把他从队伍里揪出来，狠狠地推了他一把："站一边去，不用你参加了！"我厉声吼道。小华怯怯地望着我，眼里噙着泪水，想说什么，但估计是被我生气的样子吓到了，最后他什么都没说。我瞪了他一眼，就没有再管他了。

演出非常成功，我总算松了一口气，心想幸亏没让小华上台表演。"陈老师！"我回头一看，从观众席上走来小华的妈妈，"刚才怎么没看见小华上台表演？"我一听气不打一处来："今天班级葫芦丝比赛，我明明要求带D调的葫芦丝，他居然拿了个A调的来，你说气不气人！""噢，昨晚他姐姐说她们班也要求用D调的，但姐姐只有A调的，他怕姐姐被老师批评，所以把自己的那个D调的让给了姐姐，真的不好意思。"小华的妈妈带着歉意说。

"你怎么不再买一个呢？"

"他说不要买了，怕浪费家里的钱。这孩子昨晚还再三要求我今天请假来看他表演，给他加油，唉，想不到……"

我脑袋"轰"的一声炸开了，顿时语塞。小华满怀期待着妈妈来看自己表演，为了照顾姐姐，跟姐姐换了葫芦丝，却在上场前被我这个老师为了所谓的表演效果，不分青红皂白地剥夺了表演的机会。想着这个懂事的孩子，我心里说不出的滋味。我带着歉意匆匆结束了跟小华妈妈的谈话，飞快地跑回后台找到了缩在角落的小华，拉着他的手诚挚地说："对不起，小华，老师错怪你了，你是个好孩子……"小华直愣愣地看着我，眼泪从大大的眼睛里一滴滴掉了下来。

事情已经过去好几年了，但我每每想起这件事情总有一种深深的愧疚，如果当时我不把名利看得那么重，俯下身来用心倾听孩子没拿对葫芦丝的原因，我就不会火冒三丈、不分青红皂白地否定孩子台下的"十年功"，孩子的母亲也不会失望至极。如果我当时了解了孩子没拿对葫芦丝的原因，也许我会心平气和地找到最佳的应对办法，让孩子能上台完成表演。幸运的是我很快知道了事情的原委，及时向孩子道歉，及时安抚了孩子受伤的心灵。

魏书生曾经说过："走入学生的心灵，你就会发现那是一个广阔而迷人的新天地，许多百思不得其解的教育难题，都会在那儿得到答案。"是的，感谢小华"闯"进我的教育生涯，唤醒了我沉睡的灵魂，触动了我的心灵，也让我明白面对犯了错的学生应如何宽容、倾听。在今后的教育路上，我会用心倾听，让葫芦丝在校园回荡最美的旋律。

关注学生问题的背后

学校教育是共性教育，由于时间和精力有限，教师往往很难顾及每个学生的特点，就容易出现管理简单粗暴的现象。

刚接手班级，小霞同学就引起了我的注意。她面色苍白，身材瘦弱，十分乖巧懂事。刚开学她就自告奋勇担任语文科代表。开学的第二个月，她的母亲因伤住院，做了手术。自那之后，她迟到、早退、请假便成了家常便饭。一开始，我还能宽容，想着她需要照顾母亲。但时间久了，我发现她肆无忌惮，不但经常迟到，请假也不按规定时间返校，似乎陷入了“犯错—认错—再犯错”的怪圈。她微信朋友圈里发的照片，不是在咖啡店就是在西餐厅，似乎过得挺享受。因此，当她再一次迟到时，我当着全班同学的面狠狠地批评了她，指出她的多次违规，指出她利用老师的包容屡教不改，指出她发微信朋友圈爱慕虚荣。她看着我，咬着嘴唇似乎想说什么，但最终还是默默低下头。从那之后，她见到我就远远躲开，上课也不再积极回答问题。

后来，我了解到小霞是被收养的，她的养父在几年前去世了。而这时，我也从班长那里得知，她朋友圈里的咖啡厅、西餐厅，不是去消费，而是去打工。我的心一瞬间被狠狠地揪了起来，未曾想到她竟是被自己亲生父母抛弃，养父早亡，养母受伤卧床，家庭的全部重担都压在这个瘦弱的花季少女身上。她的“虚荣”恰恰是她对抗内心自卑和生活不公的盔甲。为什么在她对我有倾诉需求时，我没有真正放在心上？为什么在对待她的问题上我那么莽撞，在同学面前没有维护她最在乎的面子？我意识到我闯祸了，应该立即挽回自己的过失！我轻轻走到她面前，拉着她的手走到走廊，坦然地承认对她的误解和话语上的伤害，希望取得她的谅解。从那以后，我经常和小霞谈心交流，肯定她不被生活压垮的积极心态，鼓励她不断为明天和梦想而努力。同时也积极与她所在的村委会取得联系，请求他们的帮扶。得知她有考大学的意愿后，我帮助她了解广东省对家庭困难大学生的帮扶政策，以免除她的后顾之忧。渐渐地，自信的笑容又出现在这位花季少女的脸上。

看着这张真诚的笑脸，我反思之前管理的简单粗暴，只用统一的条条框框去要求每一个学生，却忽略了他们作为独立个体的差异性。而这些差异性，往往是家庭环境造就的。托尔斯泰曾说："幸福的家庭都是相似的，不幸的家庭各有各的不幸。"教育家苏霍姆林斯基说："教育的效果取决于学校和家庭的教育影响的一致性。"家是校的延伸。作为教师，面对每一个学生的问题时，应该用真挚、细腻的情感去感化他们，走入他们的内心世界，了解他们问题背后的故事，找出问题成因，才能有的放矢，使班主任工作效果最大化。

失而复得的爱

课间操刚过，班长心急火燎地跑过来："老师，小豪又和班上同学打起来了！"听完这话，我不禁眉头一皱，心里"噌"地窜起一股无名之火。又是他，我都想不起这是小豪开学以来第几次与同学发生冲突了。

事不宜迟，我快步走进教室，大声说："小豪，你给我出来！"此时的小豪仿佛受了天大的委屈，头扭向一边，过长的刘海盖住了眉毛，愈发使他的阴郁眼神中透出一股戾气。"你怎么老是这样，同学之间一点点小事，有必要出手打人吗？再这样，叫你家长过来！"他怏怏地离开，我望着他的背影，叹了一口气，真是问题少年。

这时，班长走过来小声说："小豪家里好像有些事，他很心烦，别人稍微惹到他，他就暴跳如雷。"我愣住了，突然想起一个孩子性格的养成往往和家庭密不可分，追根溯源，找到问题的核心，才能解决目前的状况。

接下来的一个月，我利用周末去小豪家里家访，没想到小豪及他的父母对我的到来不但没有丝毫排斥，还特别热情。看得出他们都意识到了问题所在，却不知如何解决，老师的到来让他们看到了一丝希望。

原来，小豪一直在江西由爷爷奶奶带大。家里条件不好，他父母在东莞租了个铺面，做早餐和夜宵生意，每天起早贪黑，十分辛苦。小豪有个读小学的弟弟，一直跟在父母身边生活。直到今年小豪来到东莞读职中，才终于和父母在一起生活。

从小未体验到父母关爱的小豪，自然对这里的生活十分期待。他渴望着父母的爱，渴望美满幸福的生活。可是现实却让他失望，父母每天忙于生意，对他的到来似乎并没有表现出兴高采烈，反而觉得这个熟悉又陌生的儿子被爷爷奶奶宠得全是坏习惯，急需修正。于是，一颗渴望关爱的心被责骂打碎，小豪愈发叛逆。小豪的父母对他满是愧疚，又怕自己的补偿心理会使原本就自我的孩子变本加厉。最亲的人却成为最熟悉的陌生人，找不到一个相处的平衡点。

解铃还须系铃人，我同时对两方展开了工作。首先肯定了小豪父母能认识到小豪的问题，但目前最重要的不是纠错，而是破冰。我建议他们用赏识教育的方法，对小豪的一点一滴进步都加以肯定赞扬，时不时给小豪发一些关怀的短信，给小豪一些小礼物、小惊喜，使他感受到父母的关注与爱，拉近与孩子之间的距离，从而改变小豪目前的心理状态，从敌对变为友善，其他的问题也就迎刃而解了。

而小豪这边，我则采取了感恩教育。让他尝试着周末从早到晚跟随父母一整天，看看他们的生活状态。告诉他，父母不是抛弃他，而是选择了一条他们认为的对孩子最好的路。

渐渐地，小豪的眼神变得温柔，在班级里能够与同学和睦相处了，甚至在第二学期主动提出要做劳动委员。母亲节那天，小豪的妈妈发了一条朋友圈，内容是："收到儿子的礼物，我真的很感动。孩子，你长大了。"配了一张图，上面有张"最佳妈妈证"，落款是"小豪"。看到这我明白，我的工作没有白做，失而复得的爱在一个家庭中流动。

东莞是一个外来人口数量极大的城市，一大批的留守儿童随迁到东莞后，由于家庭教育的缺失、隔代教育的缺陷，以及对新环境的各种不适应，使他们出现种种问题。提高随迁子女家庭教育水平，需要政府、社会和学校等多方努力。在多部门的合力协作下，进城务工人员将会逐渐重视子女的家庭教育，而这也必将有力促进学校教育，最终让整个社会受益。

享受当下，静待花开

那一年9月，我接手1104班。平静的两周过去，当我暗自庆幸高三的孩子们长大了，终于开始认真学习的时候，小晴给了我当头一棒。

我清楚地记得那一天是9月18日，我带着资料丰富的PPT，准备慷慨激昂地上一节“九一八·让我们铭记历史”的主题班会课。这节课我上得特别动情，把孩子们的思绪拉回了那个耻辱的年代，但我发现小晴的表情竟然是笑嘻嘻的。

一下课我立刻向原班主任打听，听到的评语是：这是一个在批评的枪林弹雨中过来的“知名人物”，上课睡觉、逃课、旷课、夜不归宿是家常便饭。我听完只觉得满头大汗，好吧，硬的不行来软的吧。我对小晴说：“你一定是不了解那段历史才会笑吧，对不对?”她那玩世不恭的笑容僵了一下，微微点头，我又说：“现在了解了，相信你以后就不会这样了……你是一个有是非观的人，我发现你很有号召力，以后劳动委员就交给你来做，如何?”她愕然，说：“我试试看吧。”从此我班的卫生再没有被扣过分，小晴泼辣敢管，做事有条理，为了监管卫生，她也从来没有旷过一次课。果然期待效应还是很管用的。

时间如流水，一个月过去了，除了上课有时候睡觉、偶尔迟到，没有什么大事发生。对她的进步，我一边大张旗鼓地肯定表扬，一边沾沾自喜，以为自己的怀柔政策有奇效，却几乎忘了“江山易改，本性难移”这句古话。

某个周一，小晴的妈妈来电：“郑老师，小晴已经几天没回家了，周五晚上我们吵了一架，她就没有再回来，电话也不接，你帮我找找她好吗?”瞬间我脑子里浮现出许许多多花季少女被骗、遇害的新闻，吓得全身起鸡皮疙瘩，心情也一下子跌到低谷，是不是我的教育没有效果？她的电话关机，我又联系了她在班里和隔壁班的几个好朋友，多方打探消息，委托他们转告小晴，务必与我联系。半个小时后小晴来电，我费了一个小时口舌，她终于丢下一句话：“我明天会去上课的，但我不回家。”“行，你明天来上课再说，我们约好了哟。”第二天，我在忐忑中等到了小晴的身影，我终于松了一口气，约上小晴的妈妈，花了一下午时间调解，小晴终于肯回家了。

小晴的爸妈宠起她来百依百顺，发起火来说话没轻没重，有时甚至动手。此后小晴又有几次夜不归宿，我也成了小晴的专业“追踪器”。有一段时间，只要手机一响，我会神经质地害怕是小晴妈妈来电。小晴如一颗间歇性“炸弹”，让我几乎筋疲力尽，同事戏称我为“拆弹专家”。我用无尽的耐心和尊重，企图唤醒她自尊、自重和自我管理意识。我与她之间似乎有一条细细的风筝线，一头牵着的是热血冲动、个性张狂的小晴，另一头是小心翼翼唯恐她挣脱的我。

在不断见招拆招中，我们迎来了高考，小晴考取了大学。有一天小晴来看我，她对我说：“老师，我好玩贪玩，但现在我有分寸的，我总觉得只要我走远了，你就会来喊住我，谢谢你让我没有走得太远。”一时间我百感交集，不觉眼睛湿润了。原来有些种子，种下了不发芽，不是种子不好，不是土壤贫瘠，它只是暂时休眠了，总有一天它会醒来，会偷偷地长出根须，扎到土壤深处。教育的路很长，信念不垮，热情才能“超长待机”，秘诀只有八个字——“享受当下，静待花开”。

我的使命

高考填报志愿前夕，班级成绩第一的小鱼找到我，吞吞吐吐地说："我不想上大学。"她眼里闪着泪花，欲言又止。问她原因，她只是说家里不同意，具体的情况并没有告知。既然小鱼不说，我就打电话联系她爸爸，电话那头她爸爸冷漠地说道："你们这些老师闲得没事做了？这是我们家庭的决定，女孩子读那么多书有什么用？钱要留给她弟弟读大学的。"小鱼站在我身旁，隐约听着我们的对话，默默地抹眼泪："我爸爸那人就这样，跟他说没用的！"

我看在眼里，心疼又无奈。父母是孩子的监护人，他们做出的决定当然有理由和背景，但是品学兼优的小鱼不能因为是女孩就失去了上大学的机会。作为她的班主任，一定要尽力为她的前途争取机会，我决定去她家，想办法让她上大学。

第二天我来到小鱼的家，看到小鱼的妈妈坐在昏暗的平房里，倚着门槛串珠子。提起女儿和丈夫，她满脸戚忧，她告诉我小鱼爸爸以前下班后就骑着电动车做兼职，前年不幸遇到车祸，压断了右脚，不仅失去了工作，生活也不能自理。谈话间，我听到里屋有咳嗽声，我提出想见小鱼爸爸，她却说小鱼爸爸不在。

回到学校我坐立不安，总想到积极开朗的小鱼，未来也会成为那个在昏暗角落里串珠子的黯淡女人……于是我再次出现在那间低矮昏暗的平房里，这一次我终于见到了小鱼的爸爸，他侧躺在床上，背对着我，说自己的身体不舒服，无法起身。小鱼的妈妈坐在矮凳子上，不知所措地看着我。我告诉小鱼的父母，我看到了这个家庭的艰难，父母在这种环境下把两个孩子拉扯大是尽到了责任，做出了牺牲。但是眼前的困难不是牺牲小鱼前途的理由，现在大学里有助学贷款、助学金、奖学金，根据小鱼的一贯表现，肯定能拿到奖学金，她还可以勤工俭学，减轻家庭经济压力。

说着说着，侧躺在床上的小鱼爸爸慢慢地坐了起来。这个消瘦的男人低头叹气，眼角湿润，伸出的手在微微颤抖："老师，您真是有心了，从来没老师来过我们家，我们也不好意思请老师来。您为了小鱼读书都来了两次了，您放心，她是我的亲骨肉，我和她妈哪怕是卖血都会支持她。”我紧紧握住了这个男人颤抖的手。

拿到大学录取通知书的那一天，小鱼的眼里再次泛出泪花，只是泪花下的眼神充满自信、坚定和希望。每个人都有追求美好人生的权利，美好的人生不能因为出身而走向黯淡。让小鱼读大学，给她一个光明的前途，是我的使命。

花开的声音

深夜，我的手机突然收到一条短信："飘姐，明天我们就要放假回家了，又有很长一段时间不能见面了。我给您做了一张立体卡片放在了您的办公桌上，里面有我给您写的一首诗，您一定要看哦！我将我的祝福化作这首诗，希望它陪伴您快乐每一天！"看到小云的短信，我心潮澎湃，脑海里涌现出过去的一幕幕。

小云是个性格比较内向、孤僻的女生，高一开学初从会计班转到我带的电商班。刚开始的时候，我并未发现她有什么异常，直到有一天，她来到办公室找我，告诉我说她吃不下饭，说她总是呕吐、拉肚子。我以为她吃坏了肚子，肠胃不舒服了，叮嘱她赶紧去看医生。她若有所思地点了点头，便离开了办公室。

后来的一段时间，我渐渐留意起这个瘦小的女生，并向班里的同学了解她的情况。班里的同学对她的评价是"有点傲慢""没礼貌""不喜欢"。对比了一下她给我的最初印象——为人积极做事、喜欢与老师沟通，我感觉情况似乎有点儿不对劲。于是我利用休息时间，约她来办公室聊天，询问她身体是否好转，她摇了摇头。我又问她是不是没吃晚餐，并拿出买回来的面包和牛奶，让她吃一点儿。她看了一眼我手中的面包，紧咬着嘴唇，突然泪如雨下，说觉得自己可能患上了抑郁症，想要找心理老师聊一聊。我的心颤动了一下，抱了一下她瘦小的因抽泣而颤抖的肩膀，安慰她说没关系，我马上帮她约心理老师。把她送到心理老师办公室之后，我立即如实向家长反馈了她的情况，并请家长第二天到校，做进一步交流沟通。

我约了心理老师一起与小云的母亲见面。在与小云的母亲长聊之后，我了解到造成她现在问题的很大一部分原因是家庭——父母几乎对她不理不睬，从小到大由奶奶带大，而母亲唯一与她"沟通"的方式便是骂她。在我与心理老师苦口婆心的劝说之下，小云的母亲终于答应带她到医院去做身体和心理方面的检查。

鉴于小云特别喜爱画画、写诗，我让她当了宣传委员，负责教室布置和班级文化的营造工作。小云对宣传委员这份工作特别用心，常常为班级的宣传和文化活动出谋划策。在本学期班级文化评比中，我班教室文化特色鲜明，获得了优秀奖。我更加关注她，一逮住机会，就在同学们面前表扬她。就这样，小云慢慢成了班级的“文化使者”，工作得到了全班同学们的肯定和赞赏，和她交往的同学越来越多。在班级这个集体中，她逐渐找到了自信，人变得开朗了许多，也更爱笑了。

后来的一段时间，在我的一次又一次提醒与鼓励之下，小云终于得到了她所渴望的母亲的关注。看到小云自信的笑、轻快的脚步，我由衷地为她高兴。第斯多惠说：“教育的艺术在于激励、唤醒和鼓舞。”我感觉她就像一株“生命之花”，我仿佛听到了花开的声音，闻到了花香的味道。

班干部和班级管理篇

国王的权杖

“老师，您好！这是你们班上周放学后的6S得分……请你们多加油吧！”

“哎，你们班那个叫什么来着？对了，小武，他是什么情况啊？一上课就睡觉，这才开学几天啊！”

“老师，这个劳动委员你找别人做吧！我安排值日他们总是有意见，我可能不适合做这个工作。”

开学三周多了，我一直在消防员、保姆、警察、知心大姐几个身份的反复切换中疲于奔命。天知道我能坚持多久！这几天，我一直在思索问题的症结，直到一个团体拓展游戏进入我的视线。

这天班会课，我一进入教室，同学们就被我手上的道具吸引住了。“老师，这是什么啊？”我神秘一笑：“这叫‘国王的权杖’。”话音一落，同学们七嘴八舌地议论起来。我心里窃喜：“你们感兴趣就最好了。”我赶忙解释游戏规则：道具是一根长长的棍子，上面绑了八条绳子，棍子最上面顶着一颗乒乓球。参与游戏的人每人拿一条绳子，通过调整绳子的位置和手上的力度保证乒乓球不掉下来，前行20米。

“这有什么难的，我来！来，一块玩儿啊！”小武第一个召唤了起来。可惜，现实与理想的差距有点儿大，八位同学刚一出发，乒乓球就应声落地。其他同学见状，也都起了劲，自动分成几组，拿起这“国王的权杖”研究起来。经过数次尝试，终于有一个小组成功走到了终点。其他小组纷纷过去“取经”，很快，每个小组都得到了成功的体验。经过自己不懈努力得来的胜利使同学们异常兴奋！

我微笑地看着大家：“恭喜大家都成功了！老师这里有一个问题：这个乒乓球代表国家，棍子就是国王的权杖，那么怎样才能让权杖发挥最佳的作用，保证国家的稳定呢？”

“我先说，我先说！这八个人每个人都特别重要，都得注意力集中，有一个偷懒的都不行。”

“还得听指挥，不能自己想怎么做就怎么做。”

“对！得互相信任，要团结！”

听了大家的话，我露出欣慰的笑容：“大家说得真好！那么如果乒乓球代表我们这个班级，大家是不是也可以用刚刚的做法来保证我们这个班的稳定和谐呢？”同学们看着我，显然已经明白了我组织这项活动的用意。

那天后，我们班的班级氛围发生了微妙的改变，大家不再“事不关己，高高挂起”，不再互相推诿，懒懒散散。偶尔有人说“干吗叫我做啊？关我什么事？”就会有一群人回应他：“哎，国王的权杖哦！”看到他们能互相督促、互相帮助、互相提醒，我想，这不就是走向自律的良好开端吗？

康德认为，真正品德的产生，是来自人们意志的自愿，不受外界的约束，可以自主规范来约束自己，故道德的最高境界是“自律”。所以，班主任要启发学生，作为活动主体有权利、有责任去参与各种活动，以此发展自主意识、自律能力，引导学生做生活的主人、集体的主人、学习的主人、实践的主人、评价的主人。这就是“国王的权杖”带给我的启迪与反思。

直到今天，我依然在培养学生自律以及自我教育的路上蹒跚前行，我的行囊中带着一片热忱、一点巧思、一颗匠心。哪怕途中有沟壑、有坎坷，我也不会因现实复杂而放弃梦想，不会因理想遥远而放弃追求。我始终怀着追求专业成长的冲动，且吟且行，一路欢歌。

教育的“温度”

10 年前，刚大学毕业的我到一所中职学校任教，稚气未脱满怀憧憬的我成了 50 多名学生的班主任。

我非常想与学生建立起亲密无间的关系。为了让学生感受到我这个年轻班主任“滚烫”的爱，我事无巨细，几乎包办了班上所有的事情，对学生的违纪行为也是各种理解和包容。

可是结果呢？大家也猜想得到，我那“过热”的爱不仅没有温暖到大家，还差点儿把自己给“烫伤”了。

我想象中师生关系融洽、班级一团和气的美好画面并没有出现。班干部成了甩手掌柜不作为，学生拖拉散漫不上进，科任老师纷纷抱怨学生上课风气比其他班差远了。我又气又急，气这群学生不懂事，急自己的爱与付出没有收到回报。

软的不行，来硬的！“烫”的不要，那就来“冷”的！

面对学生们的“不识好歹”，我生硬地切换了自己的带班策略，制定了许多“高冷”的新班规：甲同学上课睡觉，罚！乙同学垃圾没按时倒，罚！丙同学欠交作业，还是罚！只要违反了班规，无一例外统统都要罚……为了管好这个班，我把对学生的爱与笑容收在心里，从“母爱泛滥”变成“冷酷无情”。新政实施一个礼拜后，班级违纪情况明显减少，但也带出更多让我措手不及的问题——班级氛围死气沉沉，学生并非心悦诚服地服从管理，而班干部由于压力过大纷纷向我请辞职务。那一刻，我的内心充满了无力感，甚至产生一种怀疑：自己到底是否适合做老师。

我在怀疑与自激励中痛苦前行。

有一次在课堂上我把“要求”习惯性读成“咬求”，一位曾因做错事被我批评过的学生打断我：“老师你读错了，是‘要求’，发一声的。”顿时全班哄堂大笑，我当时愣了一下，有点恼怒，脸红辩解道：“要求、咬求都一样，没必要分那么清楚。”“切，老是叫我们要知错就改，自己还不是一样不改，原来老师是例外的……”“虚伪!”

我把这几名学生抓到办公室训话，说得激动时我随手拿起水杯喝水，不料水温太高被烫得够呛，同办公室的老教师过来拍拍我说：“注意温度，心急喝不了热开水。”

前辈的话语犹如一剂及时良药，我顿时清醒。看着面无表情、不以为然的学生，我内心平静了很多：“你们先回到班上上课吧。”

喝水要注意温度，教育何尝不是呢！教育就像一杯水一样，应该是温暖的，太烫或太冷都不好。所以作为老师，我们要把握好教育的“温度”，不然教育只会适得其反。想到这里，我感到深深的愧疚，一直以来都在抱怨学生软硬不吃、不识好歹，殊不知原来症结是在自己身上啊!

后来，我与全班同学进行了一次开诚布公的谈话。我坦承作为班主任有点操之过急，方法不当，向同学们致歉，并希望全班同学与老师一起努力、一起进步、一起成长。同时告诉学生，有错并不是什么丢脸的事，重要的是勇敢去面对和改正，我的坦诚态度赢得了全班的掌声与支持。

再后来，我学会了“温和而坚定”“严而有度”的班级管理法则，不再用爱“包容”一切，也不再冰冷地规训各种事情。班级变得团结融洽，我的工作也自然比以前顺畅轻松多了。

这就是我们追求的“有温度的教育”，把握好教育的温度，不仅能让学生获得成长，老师也能从中得到成长。

我的班长是“魔王”

那一年分层教学，我接手了全校最棘手的春季班。开学第一天就打群架，不少同学抽烟，还有同学受到过留校察看处分。接手这个班时我内心虽然有些犯嘀咕，但还是相信自己有能力治理好这个班级。

我初到班里就给学生撂下一句“是虎你要给我卧着，是龙你要给我盘着”，让他们琢磨。接着就雷霆出击，果断处理了几起违纪事件，班里的学生开始忌惮我新官上任的“三把火”，几个刺儿头也消停下来了。

接下来面临的是选班干部，选拔一个得力的班长非常重要。面对这样一个班，我的原则是既要民主又要集中，我提名班长，全班选举，然后班长提名班干，组建班委。我提名了几个相对老实的学生做候选人。

一天晚修后，阿辉来到办公室，嬉皮笑脸地说：“老师，班长候选人加我一个喽，你提名的那几个都是我的小弟，嘻嘻……”当时我有些愣，心里非常矛盾：这个家伙是班里的“混世魔王”，做事很极端，一次失恋用小刀在自己的胳膊上拉了三个大口子，开学第一天的打架事件他就是主谋，可他确实很有号召力。我该给他个机会考验一下他，也考验一下我自己作为教师的功力吗？我听从直觉决定给他一次机会，其实还有一个目的，就是想给他戴上一副“枷锁”，让他别再惹是生非。

于是我跟他“约法三章”：半年之内戒烟；维护好班级纪律，以身作则；上课不说话、不睡觉、不玩手机。“那我实在听不懂怎么办？”“从看电子类趣味科普读物开始。”就这样阿辉成了候选班长。

一天，我接到一个电话，是阿辉的父亲打来的：“郭老师，你不能让他当班长啊！他调皮得很，会给你闯很多祸的。”我尴尬地回答：“你还是要信任他的，他最近在学校表现得不错。”放下电话，我自己都有些担心，有些怀疑自己当时那么做对不对。后来阿辉通过竞选顺利当上了班长，开始管理着班级事务，我给的任务基本都能完成，但我潜意识里似乎一直等着他“原形毕露”。

出乎大家预料，又如大家所料，他跌跌撞撞地前行：半年之内烟没戒成；上课有时会睡觉；顶撞过一次科任老师，但及时和老师道歉，没有进一步恶化；上实训课做的项目质量虽然不是很高，但是大部分都完成了，原理基本掌握了。一晃几年过去，他做班长做到了毕业。

毕业后，他从父亲那借了三万块钱，选择了创业，在深圳华强北卖电子元器件。经过发展，现在公司已具有一定规模，业务做到了印度、德国。有一次他回校看我，他已经成熟了很多。他说起了当班长的事："刚开始当班长只为了管别人和没人敢管我。后来和老爸吵架，他说以后我什么也干不了，我告诉他我是班长，老师很相信我，也很重用我啊!"我听到这里差点笑出来，真是一对"活宝"父子。"老师，谢谢您一直以来对我的支持，如果没有您，我都不可能迈入电子这行，我现在对于芯片比您懂得多啊!"我有些自豪，也略有所思。

每个学生的成长都是一道美好的风景，试着用欣赏的眼光去看他们，无论优秀还是平凡，无论完美还是遗憾，他们需要的只是一个支点，每一次有意或无意的支撑，或许都将成就一段生命的不凡。

捧一颗真心打动学生

特级教师李镇西说过，“只有教育者真正捧出一颗真诚的心，才能打动学生的心，并真正走进学生的心灵”。

班主任难当，“后妈”更难当。2008 年 9 月我当上了机加 0702 班的“后妈”。为了和平相处，我基本沿用了“亲妈”的管理模式，即便这样也还是让学生牵着鼻子走，他们总说“我们以前班主任是怎样怎样的”，对我的管理不认同，甚至排斥。

那段时间我很迷茫，我想起李镇西说过的那句话，只有用真诚的心去对待学生才是最好的管理方法。于是我决定重新认识这个班级和学生，我走访原班主任、科任老师，翻阅学生档案，课间到班里走走，到饭堂跟他们一起吃饭、聊家常，到宿舍了解他们的生活习惯，晚修时单独约谈沟通。他们感受到了我的真心，渐渐对我没那么排斥了。

如果要问我和学生的关系是什么时候发生质变的话，我会肯定地说：“是那一夜！”

2009 年 3 月，我作为驻厂指导老师，带着学生到模具厂进行一个学期的顶岗实习，同期顶岗的还有其他学校的学生。

那天晚上，我处理完学生上班玩手机的问题，正准备睡觉，突然手机铃声响起来，我心里咯噔一下：准没好事。果不其然，电话那头传来：“老师，你赶紧来宿舍，他们要打起来了。”“和谁打呀?”“和别的学校的同学。”挂断电话，我三步并作两步赶往学生宿舍，同时拨通工厂保安的电话请求帮助。到了宿舍一看，两所学校的几十个血气方刚的学生手拿工具对峙着，好在保安赶到控制住了场面，但有几个学生仍然蠢蠢欲动。我一个弱女子当时怎一个“慌”字了得啊！我知道此时的我必须镇定，但我的哭腔还是出卖了我：“同学们，先冷静，把工具放下。我们回宿舍好好聊，有委屈告诉老师，有问题老师来解决，好吗?”我半劝半推把他们推回了宿舍。他们面红耳赤地说：“老师，你这样把我们拉进来，他们以为我们怕了，会笑话我们的，让我们自己解决!”我知道他们还在气头上，这事必须解决，我不能走，便在他们宿舍了解情况：这次打架是因为一些小矛盾发生口角，慢慢上升到互不相容。我并没有过多地责怪他们，我理解高强度的工作和狭小的活动空间对于他们来说是极大的挑战，不适和孤独让他们变得更加敏感，对一些小事会过度放大。于是我耐心地跟他们说："老师知道你们这些天在这里很不习惯，很累，很想家，这么多人在这里生活难免会有些摩擦。但是老师很害怕，真的不希望看到你们打架受伤，那样我会很心疼，也无法向你们的父母交代。不管发生了什么事情，我们明天再解决好吗？夜深了，明天还要上班的。答应我，今晚好好休息。"我的眼泪不听使唤地流下来了，学生不知是被我的话感动了，还是被我止不住的哭吓到了，都乖乖上床睡觉。我心里很不安，怕夜里他们再闹事，我打算在门口盯着。班长跑出来说："老师，你回去休息吧，有事我给你打电话。"

那一夜注定是个不眠夜，电话并没有响起，那几个参与打架的同学在班级群里发了几条"煽情"信息。那一刻我知道他们已经真正接受了我这个"后妈"。

这次经历让我深深地懂得，教育最好的方法唯有"爱"，发自内心的爱才能感动学生。只有得到了学生的认同，教育才能发挥最大的作用。

青春碰撞，信任无言

我第一次当班主任，选了阿达做班长。同学叫他“达叔”，之所以叫“叔”，是因为他有大叔般的老练、圆滑，把班级大小事务管理得井井有条。但也正是因为我太信任阿达了，班级大小事务都让他负责，以至于让他觉得我这个班主任分量太轻，要把我隔离，让整个班变成“达叔班”。

国庆节放假回来的一次班会课，我走进教室，发现讲台上放着一张大部分班干部签名的辞职信，几乎90%的班干部都不干了。阿达站起来说：“老师，我们都不想做了。”

作为第一次当班主任的我，意识到了问题的严重性，肯定是阿达带头的。我找有多年班主任工作经验的部长求助，他找来阿达狠狠地批评了一顿，之后阿达就悻悻地回教室了。

第二天我找到阿达，本想跟他推心置腹地聊聊，可是阿达很抵触，认为我一个年纪轻轻的小班主任不懂得他的心思，他直接甩手就走开了。于是，我在处理好班级正常工作的同时，深入到宿舍、运动场和饭堂，从侧面了解阿达的情况。原来阿达本可以考到普通高中，但是因为初三和本地同学拉帮结派，耽误了学习，没有考入普通高中，但也正是那个时候助长了他爱指挥别人的性格习惯。来到职中，又当了班长，他便可以继续指挥别人，以至于膨胀到以为可以凭一己之力推翻我这个年纪轻轻的班主任，建立他的“达叔班”。

在和其他班干部交流的过程中，我发现其实他们并没有过多在意这件事情的后果，只是跟随着阿达，想看看我这个班主任的笑话罢了。于是我偷偷地和他们达成一个协议，帮助阿达走出自我，重新带领班级走上正轨。

在接下来的一段时间内，与我达成协议的几个班干部，除了正常维护班级秩序外，还协助我了解阿达的想法，甚至开导阿达继续做好班长。阿达似乎觉察到了什么，心里的想法也开始慢慢有了转变。于是我再次找到了阿达，跟他说明了我的意思，安抚了他曾经的失利，肯定了他挑战权威的自信，也肯定了他一个多月来带领班级取得的成绩，没有责备、没有抱怨。也许是我的诚恳和耐心打动了阿达，他很平静地听我说：“你还是我们大家的‘达叔’，我希望你将聪慧用到正确的成长道路上。”他一脸懵懵地看着我，眼中流露出了陌生的眼神，看着我这张同样年轻的脸，他问我：“老师你还觉得我可以做班长？”我对他说：“时间会做出选择的。”阿达看着我，好像领会了我的用意，认真地点了点头。

回到班里我宣布：阿达续任班长。同时我跟大家聊了很多我大学生活的事、大学里的班干部的各种优势，希望同学能够珍惜高中出彩的机会。一双双青春无畏的大眼睛看着讲台上的我，我的处理方式出乎了所有人预料。在接下来的几周里，我带领阿达和其他班干部协调好班级一众大小事务，在充分信任阿达的同时，也让阿达明白他给班级所带来的影响。阿达对待班长工作勤勤恳恳，学习上也认真努力，最终顺利考上了大专。

多年后的一个教师节，阿达给我寄了一块竹片，上面刻着：“感谢师恩，让我当年遇见您。”是那一瞬间的心领神会，让阿达找到了青春与青春碰撞的美好与信任。

班主任是一种情怀，怀着人性本善的初心，育人育心，不离不弃。如果当初我对他只是臭骂一顿，相信阿达肯定就不是今天的阿达了。我的班长让我学会了用信任去感化每一位学生。

树起学生心中的旗帜

旗帜的引领力量是巨大的，它虽形式简单，却总能让人在困境中看到光明，在奋进中看到方向。国家的发展需要鲜明的旗帜做引领，班级管理同样需要旗帜做引领。

新生入学一个月后，一年一度的全校广播操比赛如期而至。广播操比赛是最让班主任头疼的事，特别是新生班，那可谓是“老太太扭秧歌——千姿百态”。

看着这群懒洋洋的“千姿百态”，我站在体委旁边，认认真真把广播操做了一遍。他们惊讶地看着我，我趁机问：“老师做得怎么样?”“还可以吧。”“比我好点吧。”听了他们违心的话，我笑了笑说：“跟着老师练，保证你们拿奖拿到手软。”在一片欢笑声中我们结束了这次课间操。

想要让学生们充满信心，班主任就必须给他们信心。我知道新生班做操做得整齐很难，特别是男生班，想获奖必须有自己的特色才行。要有创新，走在其他班前面，学生的主动性才强。

于是，我与学生一起设计出一面班旗。每次训练我们都带上班旗，穿上校服，学生们的集体荣誉感、战斗力瞬间爆棚。同时我们在入场环节做了很大的创新。比赛当天，我对学生们讲：“这段时间我们练得很辛苦，老师看到了我们每个人的付出。现在是检验成果的时候了，只要我们正常发挥，二等奖肯定没有问题。拿出男子汉的精气神，让评委们看看我们的气势吧!”学生们听了个个信心满满、非常兴奋。

比赛中学生们个个斗志昂扬，我在班级队伍的后面为大家挥舞班旗，退场时我举着班旗跑到队伍前面，与他们一同退场。比赛仍在继续，我坐在队伍前面，越看心里越没底，虽然我们都认真去做了，可与其他班相比还是有明显的差距。

比赛结果公布了，如我所料只拿到三等奖。班上所有人都像霜打的茄子，蔫了。所有的班级开始有序离场，获奖的某些班级开始拍照庆祝，而我们班拿起椅子准备灰溜溜地离场。我不知道该怎么面对这群孩子，不知道怎么开口，这滋味太难受了。

这时，我发现班长没有像以前那样气昂昂地扛着班旗阔步走，而是卷起班旗在地上拖着走，像斗败了的公鸡。我上前拉住了班长，举起他手中班旗，叫全班同学都留下。学生们的目光齐刷刷望向我，有的失落，有的伤心，有的不服，有的假装没事。我大声说道："这次咱们没有拿到想要的奖项，这没什么好怕的，我们已经尽力了，我们就是赢家，这就够了，为什么要这样拖着班旗呢？它代表的是我们班级的荣誉啊！大家还记得班级口号吗？'奋勇向前，斗志昂扬'这才是14精英班的精神，这才是班旗的意义！这次不行还有下次，不要灰心丧气，打气精神来，定个目标，失去的我们一定会夺回来。大家能不能做到？能不能做到？"学生们异口同声："能！""未来三年的时间，我们要让这面旗帜更红、更艳！"班长昂首挺胸地把班旗高高举起，热血沸腾地说。

教育学生要把握时机，从举旗到拖旗，这就是教育契机。班主任要赋予班旗神圣的意义，学生有了使命感，班旗就能发挥她的引领作用，引领学生在人生道路上无论遇到什么困难都要步履坚定，不断前进。

班主任就是学生心中的一面旗帜，在班级管理上拿出满腔的热情，让这面"旗帜"永远高高飘扬。

期待我的凤凰涅槃

每个班主任的成长之路都不是一帆风顺的，更多的是满路荆棘坎坷，饱尝酸甜苦辣。优秀的班主任都是经过一次次洗礼获得重生的。

我的第一段班主任经历以失败告终。每次想到这个班级，我都不想面对，这个班的存在昭示着我的失败。

这个班级是航空专班，学生从三个年级中选拔而来，学生人数不多，大多家境殷实、个性张扬。

第一次做班主任，缺乏管理经验，对学生了解有限。自这个班组建后，大小矛盾层出不穷，没有一日消停。我在处理学生问题的过程中出现了很多失误，在与他们“过招”的过程中屡屡处于下风。比如，对于小夏的请求，我不应该擅自应允，打破规则。现在回想起来，这件事的处理有很多值得反思的地方。

小夏品学兼优，篮球打得不错，颇具几分“校草”风采。他对自己的要求较高，设立了考大学的目标，与其他同学保持着不远不近的关系。

随着期末的临近，班上学生的成绩两极分化越来越明显，小夏当然是遥遥领先的那位。

一天晚修，小夏说有事跟我商量，把我叫到了教室外，他说现在学习压力大，想早上多睡一会儿，做完早操再去吃早餐，那时人比较少，但可能会影响早读时间。我不假思索地应允了。殊不知，我这一鲁莽的决定为日后班级管理埋下了一颗地雷。

一周后，早自习的铃声已经敲响，班上一多半的男生都没有到。我安排同学给迟到的男生打电话。过了10分钟，他们姗姗来迟。我叫他们站在走廊上写检讨书。这时候，小夏来了，他直接走进教室坐下。没想到，这一坐在班上引起了轩然大波：

小冬首先发难：“他天天早读都迟到，为什么不罚他，就罚我们呢？不公平！”

“小夏之前是征求过我同意的，你有什么不服的吗？”我愤愤地说。

“你就是偏心，我就是不服！”小冬毫不示弱地回应。

我也气炸了，吼道：“你迟到你还有理了？不看看你日常的表现！”

我这一说彻底激怒了小冬，他把本子一甩，阔步走进教室坐下，并振振有词地说：“要罚就一视同仁地罚！”

此后，以小冬为首的一拨人就故意跟我对着干，让我再次感觉到说服教育的苍白无力。

之后，我一直反省和思考：何谓“公平”？在班级管理中如何做到“公平”？

我私下给小夏特权，这一做法本身就是对其他同学的不公平，致使班级没有统一的行为约束标准。班级事务千头万绪、错综复杂，作为班级的管理者，应当不偏不倚、公允公正地对待每一位学生，对“优等生”和“后进生”要一视同仁，“优等生”犯了错误，也要严肃处理，绝不姑息。然而对于“后进生”，一次又一次的说服教育都劳而无功。这让我怀疑：静待，花真的会开吗？在自然界中，不是每一颗种子都能绽放芬芳，但我还是期望他们都能成为绽放的花朵。

学校不少老班在回忆班主任生涯时，都特别怀念第一届学生。与他们比起来，第一届学生给我带来的是莫大的挫败感。对学生的不了解、对学校的不熟悉、对自我的不自信、对管理的不得法，都是这次经历背后的原因。不过，“存在即合理”，没有挫折的人生，如何得以成长？我想，每一段经历都是富有意义的，失败的经历如同一面明镜，映照自己的不足，使自己明确前进的方向。期望未来我能做得更好，期待我的凤凰涅槃。

别让“标签”蒙蔽了双眼

朱永新教授在《致教师》中指出，我们之所以对孩子有不同的态度，往往是由于我们给孩子贴上了不同的标签。作为教师，对不同的孩子，不能厚此薄彼。

然而在教育教学中，要做到一视同仁地对待每一个学生还真不是件容易的事。

新生报到那天，顶着“锅盖头”发型的小卢引起了我的注意。这个“锅盖头”想必是仪容仪表的“钉子户”了，我做好了长期“拔钉”的准备。

开学第一天让小卢去把“锅盖”掀掉是头等大事。我以为小卢会很难缠，但当天晚修时，我发现他的“锅盖”不见了，我趁机在班上表扬他的办事效率，他腼腆地笑了。

一天课间，学习委员小逸红着眼睛跑到我跟前，委屈地说：“老师，小卢打我了。”“什么？小卢打你了？”我满脸的疑惑，在我的概念里，男生怎么能打女生呢？这可能吗？但我还是压制住惊讶，问：“怎么回事？”简单了解事件后，我联想到小卢自入学以来的种种表现，觉得这件事肯定是小卢的不对。我把小卢叫到办公室，不由分说地严肃批评了小卢。谁知小卢委屈地说：“我在走廊玩耍，无意中把窗帘甩到她的脸，我也跟她道歉了，但是她丝毫不接受，拽我衣领，扯我头发，我气不过，觉得被女孩子打压，在班级里脸面尽失，于是高举凳子吓唬她，并没有真的想砸她，谁知她就跑去告状了。”

看来是我偏听偏信了，我心里暗暗松了口气，好在事情还在可控的范围内。了解事件的原委后，我先分别指出双方问题所在，然后又让他们面对面，分析自己的行为给对方带来的影响，主动承认自己的错误并道歉，在交流室里达成共识。

我计划着将事件发生、处理过程反馈给家长，谁想到我还没打出电话，小逸家长的电话就打进来了，而且情绪激动，强烈要求面见对方家长，替女儿讨回公道。下午小逸家长怒气冲冲抵达办公室，在会面中指责小卢，小卢在对方家长“强势”教育下，整个过程都表现得毕恭毕敬。经过调解，小逸父母见自己女儿没有受到什么实质伤害，也觉得小卢受到了教育，便息事宁人了，事情也告一段落。

望着家长和学生离去的背影，我陷入了深思。从家长来校讨公道的这件事来看，实质上还是把事件的责任矛头指向小卢。在家长会面过程中，大部分时间被小逸家长主导，我也呈现出偏帮小逸的状态，或是说从一开始我就戴着有色眼镜看小卢，小卢课间在教室打闹、用暴力手段吓唬同学是严重的错误，应为事件负责。但回想小卢在整个过程的毕恭毕敬和小逸父母的强势，我又觉得小卢受委屈了。

在这个事情上，小卢固然有错，但小逸家长不依不饶同样有错。我想，我在处理矛盾时有失公正了，这是我的失职，在处理事情上应做到对事不对人。

通过这件事，我真切地领悟到了朱永新说的“每个孩子都是天使”，我们不能给孩子贴上不同的标签，更不能因此对孩子持不同的态度。

日拱一卒淬信仰

那一年，我带的是春季班，大部分是有着社会经历的“回炉”学生。班级近四十位同学只有四个人不抽烟，初中时受过留校察看处分的就有十几人。从一开始我就严肃处理各类违纪行为，学生们对我有几分忌惮，我心里有点小得意。

有一天，一个学生很认真地对我说：“老师，我感觉你跟宿舍教官一样，不像一个老师呢?”我一时语塞，不禁陷入了沉思：“是啊，我给了这些调皮捣蛋的学生强有力的约束，但他们的自律呢？如果离开学校后他们能带走什么呢？我做的这些事算不算教育呢?”这个学生的这句话让我思考了好多天。

一次偶然的机会，我遇到了学校的一位资深班主任，我把我的困惑告诉了他。他很认真地跟我分析说：“你的约束也不能说完全不对，但你有没有班级文化呢？文而化之，方为教育啊!”我不假思索地回答：“必须有啊，班级标语、海报、名人名言，贴得满教室都是啊!”他笑了笑说：“我说的班级文化，不全然是看得见的，能够使学生受到暗示、熏陶和感染，撼动班级灵魂的往往是那些看不见的班级文化啊!”

“看不见的班级文化”，对于我这样一个“理工男”着实有些为难了，我再一次陷入思考中。

多番考量后，我决定借助一下经典国学的力量。我从网上订购了封面印有《海贼王》路飞图案和经典台词“我是要成为海贼王的男人”的笔记本，人手一本，学生非常喜欢这个不屈不挠的卡通形象。每天早读，我在黑板上摘抄两三句国学经典，让学生抄到自己的本子上，读五遍，不要求背诵，然后让大家头脑风暴，讲一下意思，联系实际谈谈自己的看法。

第一本国学经典是《大学》。几个月的时间，一部《大学》被大家一字一句写在本上。我不知道班里的学生记住了多少，但渐渐感觉到班级里少了几分戾气、粗野、无知，多了几分柔和、理性、智慧，其实我自己也是。

学期末，我在一个朋友那里求得一幅“物格意诚，修技明德”的书法作品，悬挂在班级后墙中央。学生说："感觉教室神圣了好多，也懂得了很多，我要成为超越海贼王的男人。"

后来我们又写了《论语》《诗经》《道德经》等国学经典，不知不觉坚持了两年。毕业实习离校时，很多学生什么也没带，就带了那本笔记本。一个学生半开玩笑说："老师，我真想不到，我这辈子还能写这么多字。"

真想不到隐形的班级文化能蕴藏这么大的能量。"文而化之，化而文之"，班级文化是班级的一花一草、教师的一颦一笑，更是师生之间的一点一滴，日积月累，在日拱一卒的过程中淬炼信仰，这种信仰又成就了一个人无须提醒的自觉与植根于内心的修养！

莫让学生“空心”毕业

爱因斯坦说过：“兴趣是最好的老师。”这就是说一个人一旦对某事物有了浓厚的兴趣，就会主动去求知、去探索、去实践，并在求知、探索、实践中产生愉快的情绪体验。孔子也说：“知之者不如好之者，好之者不如乐之者。”

然而中职学校学生的兴趣与专业脱节的现象让人不得不深思。

一天晚上，我在一个高三的班级看晚修。像往常一样，有的学生看书，有的小声说话，有的睡觉，有的制作着毕业设计产品。我在看杜威的《民主主义与教育》，书中“一个人获得幸福的关键就是找到适合自己做，并且有机会去做的事情”这句话，让我深有感触。确实，如果职业与爱好脱节，就会丧失其意义，从而变成按部就班的机械忙碌。刚好这个班级的学生快要离校实习了，他们此时会有什么想法和目标呢？抱着试试看的态度，我问那两个离我最近的在小声聊天的男学生：“你俩就没有什么正事可干吗？”其中一个学生大声回答我说：“老师，我没什么事可干啊！”听他这样回答，我也真是无语。我走过去翻了翻他桌面厚厚的专业课本，连名字都没写一个。我说：“还真是没啥可干啊，连专业课都提不起兴趣。马上就要实习了，有什么打算呢？”该同学很自信地说：“找一份好工作啊。”我再问他找什么方面的工作，他竟无言以对。

这反映出学生对未来职业的迷惘和困惑。这类问题从他们高一入学时就注定发生了。还记得一天上午，我正巧路过招生办公室，看一位家长在为自己刚初中毕业的孩子报名选专业。他问招生办的老师我们学校什么专业最好，招生办的老师问他孩子平时喜欢什么，家长说孩子喜欢画画，招生办的老师就建议报动漫专业。谁知家长却说动漫专业不好找工作，还是报会计专业，好找工作。这位家长来学校报名选专业，竟然没有带孩子来，一切决定权都在家长手中。家长没有根据孩子的实际情况和兴趣爱好来选择专业，学生学习哪有丝毫动力可言啊！

由此想起一代才女林徽因，为儿子高考报考清华大学建筑系，希望儿子能够继承父母的事业，在建筑学领域不断前行。可儿子以两分之差与清华大学失之交臂。

林徽因认为以儿子的水平考上清华大学不难，于是申请复查分数，这才知道，儿子在试卷上写着“我一点都不喜欢建筑，我只喜欢历史”。看到此处林徽因极其失望，却又无可奈何。

现在很多家长不了解孩子，没有培养孩子将个人兴趣与职业发展相结合的意识，这直接导致后面一系列不合辙的结果。

作为教师的我们，要帮助学生拓展各方面的能力，找到他们擅长的、热爱的、痴迷的东西，这对他们一生都是非常重要的。学生毕业了，老师不在身边，他仍然有方向、仍然会学习，我想教育的意义就在于此。如果学生毕业了，什么都不喜欢、不擅长、不热爱，成为“空心”学生，没有思想、没有未来，那么这样的教育是失败的。

无论学生入学时怎样，我们都要唤醒学生对世界的兴趣，以本专业的知识为切入点，不断拓宽学生的知识面，鼓励学生去寻找自己擅长的、热爱的东西，从而不断发掘自身潜力，走向成功。

“软硬兼施”的魅力

教育不是用教师的强硬去让学生服从，而是要让学生在轻松快乐的氛围下学会做人、学会做事、学会求知，在方法上更适合“软硬兼施”。“硬”是学校规章制度及社会道德、法律划定的底线；“软”是要走进学生的内心，让教师知学生“心”，让学生充分服“软”。

我带现在的班级已经两年了。过去的时间我都是以“硬”作风出现在同学们面前，班级问题都是我说了算，管理学生非常严格，班上的同学两年都没有出现顶撞老师的现象。其实不是没有，只是学生不敢，后来变为不会这么做，从控制行为变为自觉行为。这与我平时的“硬”作风和处理问题的“软”做法有很大的关系。

记得开学的第一天，我想给学生来个“下马威”。这天早上要求学生填信息表的时候，我看到小泽没有填写家长电话，叫他重填，但收上来的表格还是空白的。我问他为什么不填，他当着全班同学的面冲我说：“我下午填不行吗?”我知道其实是他不想让老师知道家长的联系方式。我想这应该是我展现“硬”作风的好机会，我大声吼道：“出去填好了再进来!”于是全班鸦雀无声，我和他都怒视对方。他很生气地走向走廊，一脸不服气地站在那里。

我想今天必须要好好地处理这件事情，否则这个班以后就很难管了。我尝试着与小泽沟通，但是根本谈不下去，他一直扭头看向一边，没有正眼看我，任我怎么说都不出声。年级长了解了情况后把小泽叫到一旁交流，了解到他曾是一位很调皮的学生，在初中曾与老师动过手，有一定的暴力倾向。现在他对老师心存敌意，所以跟老师说话语气不好。经过年级长的努力，小泽的态度有了一定的转变。年级长把小泽交回给我时，我用温和的语调，指出刚才他存在的问题和我发火的原因，并和他说明了学校对于此类问题的处理办法。考虑到他是第一次犯错，所以给了他一次机会，但条件是必须马上填写好家长电话。经过我这番“软”处理，小泽看我的目光柔和了许多，也答应了我的要求。

接下来的两个星期，我两次拜访了小泽的家，了解他的家庭情况和学习生活情况，并向家长表达了我真心想帮助他成长的诚意，家长非常感动，也很配合我的工作。国庆节假期，我再次上门拜访，小泽看我的眼神流露出感激与尊敬，我想我已经走进小泽的内心世界了。

后来，小泽在老师和同学们的帮助下努力改变自己，我也给他提供了很多锻炼的机会，他慢慢成了我的得力助手，变成尽职尽责的纪律委员。我想如果那天我强硬地把他交给学校处理，或为了面子一直冷落他，可能他会变得更加极端。所以我很庆幸自己采用的是“软”处理。

教育中的“软”是放低身段，是平等交流，是倾听诉求。教师要以此来了解学生，解开学生过激行为的“心结”，这样才能与学生交心，学生也才会在被认可的校园生活中健康成长。

点亮孩子的中国心

我班学生在升旗时因为不愿意开口唱国歌被点名批评，这让我心里非常着急。这一年的学校主题班会课比赛，我特意挑选了“美丽中国”这个主题，我热切地希望我的学生能和我一样热爱这片土地。

我指着新疆塔克拉玛干沙漠的照片，让学生们猜这是哪里。

“广州!”有学生小声地说道。

“广州会有沙漠吗?”我对学生们的答案感到不可思议。

教室最后一排的一个学生非常积极，高举着双手喊道：“我知道，非洲!”

我赶紧切换下一张图片，让同学们猜图片中的人物名字。图片中有手持稻穗的袁隆平、身披白大褂的屠呦呦等。

“袁隆平!”

“这女的不认识，白求恩?”

“这是班主任!”

台下哄笑一片，我看到教室后面的评委直摇头。我向学生们描述了屠呦呦的成就，并充满激情地号召学生们要像屠呦呦一样为国家做贡献。没想到学生对我精心准备的内容根本不感兴趣，台下越来越安静，整节课成了我的独角戏，这节以爱国之名召开的主题班会课，在我的慷慨激昂和学生的沉默不语中草草结束了。

课后学生们过来安慰我说：“我们不是跟您作对，我们都没去过那些地方，也不认识那些人。”是啊，很多中职生都是来自贫困家庭，他们走过的路和读过的书一样少。国情对他们来说是陌生的，爱国对他们而言是遥远的。作为一名中职生，不仅需要学习求存之道，还需要爱国之心。只要学生有着一颗中国心，我就有责任把它点亮!

“最美家乡”和“最美家人”从此成为我们班固定的主题班会项目，单周我让学生上台介绍自己的家乡，双周介绍自己的家人、朋友，也可以是自己的偶像、同学。

一个学期过去了，课室变得越来越美，风光照片、美食照片、家人朋友的照片、名人画像贴满了课室。学生也越来越美，他们自信、乐观、包容，唱国歌也越来越响亮。我问学生："你们最喜欢的偶像都有什么特点?"回答最多的是勤奋、负责、敬业、诚信、友善，这不正是我们这个时代所倡导的价值观吗?

又到了一年一度的主题班会课比赛，我还是选择了"最美中国"这个主题。这一次，学生积极上台分享，班会效果非常好。学生在周记上写了这样的一段话："不知从什么时候开始，我爱上这个班级了，激励我的不仅有墙上的标语，还有我身边的这些人。我爱上了他们的家乡、他们的故事、他们的为人。中国那么大，我要去看一看，我为自己生长在中国感到骄傲，我为自己生活在这个班级而感到幸福。"这本周记我一直带在身边。在孩子的眼里，中国为什么最美？那是因为最美家乡在这里，最美家人在这里！

中职学校德育大纲指出，我们要培养具有远大理想、文化自信的中职生，要将社会主义核心价值观内化于心、外化于行。伟大理念如何根植学生的心灵？用班级文化之旅，点亮孩子的中国心！

突发事件处理篇

突如其来的“表白”

“把手机还给我！”听到一声呵斥，我猛一抬头，看到小明一张写满愤怒的脸。

“你这是什么态度？上课玩手机你还有理了是吧！校规明文规定：不允许带手机回学校。我是照章办事……”

“少假惺惺！你就是针对我！你对我们这些成绩不好的人，从来都是不问青红皂白，轻则骂、重则罚，我们忍你很久了！哼！”小明发完脾气，绝尘而去，只留下掷地有声的话语，久久地在我的耳边回荡。

当天晚上，小明在班级微信群里@了我们班的一位女生，说了三个字：“我爱你。”班级群瞬间“炸”了，各种表情包满屏幕飞，有人起哄，有人疑惑，有人对小明会承担什么后果表示担忧……我看到这三个字，瞬间明白这是小明的“报复行动”。小明对大家的反应非常满意：“长夜漫漫，多无聊啊！要表白的赶快行动起来啊！”看了他的发言，想着白天他说的话，我盘算着：如果这件事我巧妙处理，或许能成为一个改变他看法的难得契机。认真思索后，我在班级群里发了一条信息：“小明做得很好啊！心里的感情就是要表达出来。我也来接力！小伟，其实老师很喜欢你哦！虽然你很少和老师说话，但在全班同学里老师最喜欢的就是你了！”这个小伟，是我们班存在感最弱的男生。我的信息一发出，同学们纷纷点赞。有几个活泼胆大的学生也开始纷纷“表白”：“某某某，我喜欢你！”“那件黑色外套，你送给我吧！”“某某，今天上午你偷吃了我巧克力的事情我原谅你了，我还是喜欢你的。”而沉默了许久的女主角——被小明表白的那个女生也终于发声了：“谢谢你的美意。只要你以后少捣乱，我们还是好同学。”在班级群里“表白”的人越来越多，氛围变得越来越热烈、越来越和谐，而小明却一直没有再发言。

第二天，小明看到我，眼神中的桀骜被不好意思掩盖了不少。我当作昨天什么都没有发生，组织学生正常上早读。早读结束，我走出教室。“老师！”我回头一看，正是小明。此刻的小明竟有些许扭捏。我笑了笑，柔声说：“有什么事？”小明把头扭向一边，看着远处的天空，说：“昨天，我没有恶意的。我就想看看你会怎么处理，看看你能拿我有什么办法。”看着他故作高冷的样子，我忍住笑：“昨天，你的表白失败了，怎么样？难过吗？”他把头转向我，表情有些惊讶：“你就想问我这个？”“当然，这不是你目前最重要的问题吗？”他摸着头，傻笑着：“早就料到啦！人家那么优秀……而且，我昨天主要是想让你难办，才故意……”他的头越来越低，脸越来越红。我说：“知道自己不足以匹配，那就努力让自己优秀起来。至于其他的，我没有在意，你也别放在心上。”我拍了拍他的肩膀，转身走了。

后来的小明，带着他的桀骜赢得了校运会上多项冠军；带着他的自信慢慢提高了成绩；带着他强大的气场在演讲比赛上表现完美……那一次突如其来的“表白”，竟成就了小明的出彩！每每想到此处，我都深深感到：师者，当怀匠心。匠心，就是一颗机智的心。以机智的心去创造、把握教育的契机，用看待孤品的心对待每一个学生，将学生打造成最优秀的精品，也使我们中职班主任成为更好的自己。

师爱，学生心中的“太阳”

开学已经一个多月了，班里的十多名云南生不仅没有融入班集体中，反而牢固地形成了自己的小团体，这种拉帮结派的风气非常不利于班风的建设。尽管我想了很多办法，云南生与其他学生的隔阂仍然很深，他们与我之间也像是横着一座无法逾越的冰山。

如何实现云南生与大家关系的破冰呢？我正苦思着良策，突然办公室的门被推开了，云南生们齐刷刷来到了我的面前，其中小艳两眼红肿，显然是刚刚哭过。没等我询问，男生小龙就对我说：“老师，这里的学生傲慢无礼，太欺负人了！您帮不帮我们？”一股强大的敌意扑面而来，我用疑惑的眼神示意他继续说下去，他转身从小艳的手里拿过一台手机，“啪”的一声放在我的面前，义愤填膺地说：“是对方先碰碎了小艳的手机，还说我们云南生素质差，故意碰瓷讹她钱财。老师，这事你管不管？”面对学生愤怒的表情，我虽然感觉到学生的言行不礼貌，但我知道此刻不是教育他们的时候，当务之急是先平复他们的情绪，分散聚众学生，防止事态恶化。理清思路之后，我首先对他们“遇到问题先找老师”这一行为进行了肯定，并向学生表态：“我会很认真地对待这件事。其他同学先请回去上课，我找小艳单独了解情况。”他们沉默了一会儿，最后半信半疑地离开了办公室。

通过仔细询问，我了解了事情的经过：小艳在校门口拿到快递来的新手机，正准备开机，突然手臂被人猛撞了一下，手中没握紧的手机掉在地上，手机屏当场摔碎。当小艳要求撞她的学生赔偿手机屏维修费时，遭到对方拒绝。事后小艳多次与对方理论，对方扬言说小艳是故意碰瓷，想讹她钱财。其他云南生听说了小艳的遭遇感到非常气愤，认为这是欺负云南生是外地人，准备一起去找那个撞人的女生讨说法。听到这里，我暗自一惊：这是不同地域学生间的矛盾，如果处理不好，有可能会引发一场外籍生与本地生之间的冲突事件。同时，我也暗自庆幸：我与云南生之间破冰的机会来了！

我随即联系了对方的班主任，详细讲明缘由之后，由班主任出面将两个学生带到了会议室。我们决定让两个学生重演一次相撞的过程，以便帮助学生分析各自的过错：一个没有握紧手机，另一个猛撞到了对方的手臂，双方都有不当过激言论。经过两位班主任在中间调解，最后决定手机换屏的费用由双方各付一半，双方均向对方赔礼道歉。

“碰瓷”风波就这样解决了，小艳破涕为笑。她在离开办公室前，很难为情地对我说：“老师，谢谢您！我们大家都以为您也对我们有偏见呢，原来是我们错怪您了！”我笑了笑说：“能帮到你们，老师也很高兴。”望着小艳欢快离去的背影，我知道，我和小艳各自的麻烦都解决了。

经过“碰瓷”风波之后，云南生开始慢慢融入班集体，他们与我的关系也变得越来越亲近。这件事情让我深刻领悟到《学记》里的一句话，“安其学而亲其师，乐其友而信其道”。它一语道破了良好的师生关系对学生的重要性，学生可能只因为喜欢一位教师而喜欢一门功课。同样的道理，学生也会因为喜欢一位班主任而喜欢一个班集体。班主任要努力做学生心中的“太阳”，用师爱的温度去融化身边的每一座“冰山”，引领学生走向美好的未来。

三次响起的掌声

每当耳边掌声响起，我都会不自觉地想起那堂特殊的自习课。

那天，我们班看自习的老师临时有事，学校安排我代班看自习。这个班我才刚刚接手两个星期，班风和学风都不太好，我正想找机会跟学生好好聊聊这两个问题，这节课是个好机会。

我带着愉快的心情走向教室，透过窗户看到里面的场景，我不禁火冒三丈：全班没有一张课桌上有书本，学生们三五成群地围在一起，聊得热火朝天，有人在掰手腕，有人在吃零食。小桐则像一位“超级演说家”，正站在凳子上，挥舞着手臂谈笑风生……这哪里是课室，简直就是喧嚣的菜市场！面对这一切，我真想冲进去吼他们几句，但我理智地忍住了，我在教室门口多次深呼吸之后，镇静地走上讲台，故作幽默地问：“你们把桌面收拾得这么干净，是准备用这节课来大扫除吗？”很显然，学生听出了我的弦外之音，教室里顿时变得鸦雀无声。

我正想趁这一刻安静对他们进行一番纪律教育时，小桐突然冒出一句：“老师，你来干什么？”不满的语气中夹带着挑衅的味道。“我当然来上课。”“你来上什么课？”责问的语气中充满着火药味。“我来上自习课。”只见小桐突然双手一拍，双臂一挥，转身对全班同学说：“那就对了，既然这节课是自习课，为什么我们的桌面上一定要有书呢？再说，我们怎么知道要放哪本书在桌面上呢？”我压根就没有想到他会这样反问我，一时不知如何应答。同学们看到我的尴尬表情，先是哄笑起来，紧接着竟然不约而同地鼓起掌来。看着小桐那幸灾乐祸的表情，听着那阵阵挑衅的掌声，我在心里告诉自己：冲动是魔鬼！早就听说小桐反应快、逻辑能力强、爱狡辩，经常利用小聪明跟老师玩“文字游戏”，让老师下不了台。为了重塑班纪，也为了树立我的威信，今天我得跟他好好较量一下，让他知道“姜还是老的辣”。

我慢慢地调整好气息，静静地等待掌声停下来，然后竖着拇指对他说：“不错，你果然很机智，反应快！”听到我的表扬，全班同学又不约而同地鼓起掌来。热烈的掌声让他很是得意，他特意站起来，对同学们做了一个致谢的手势。我顺势接着问他："你知道这节课上什么课吗?""当然知道，自习课。""那你知道自习课上学生该干什么吗?""学生自己学习、自己复习呗!"我窃喜，这正是我想要的答案。小鱼已经上钩了！我故意模仿他双手一拍，微笑着对他说："那就对了，既然是自己学习、自己复习的课，那你为什么不自己学习、不自己复习，而要在这里高谈阔论呢?"小桐两眼瞪着我，一时语塞。我故意停顿片刻，然后转向全班同学提高音量说："自习课不是讲话课!"此时小桐尴尬地低下了头。这时，同学们陆续地把书和作业本拿出来了，教室终于恢复了正常的秩序。

下课铃响了，当我自信地走出教室时，背后响起了这节课的第三次掌声，我露出了胜利的微笑。

此次事件之后，我趁热打铁，对班级进行课堂纪律整治，以良好的班风带动了浓厚的学风，班级精神面貌焕然一新。如今，这班学生已经毕业了，但那节课的三次掌声却让我记忆犹新，回味无穷！我要感谢这次经历，它让我懂得教育不是简单的授业、解惑，而是师生之间人格上的相互尊重、智慧上的相互碰撞、情感上的相互交融。教育无处不在，为师者要用敏锐的眼睛关注细节，机智地抓住机遇，让每一个教育契机都能迸发神奇的育人光彩。

教育情怀篇

做一个教育的追梦人

2007 年，我大学毕业后当了一名老师。从北方来到南方，不仅需要适应新的环境，更需要更新自己的教育思想。

工作一段时间后，学校安排我做班主任，我有些兴奋。我相信，与学生近了，才更像教师的模样。

他们来了，带着一种怀疑的目光来到这个地方，遇到了一个不太像老师的老师。他们普遍年龄偏大，家庭贫困，兄弟姐妹多，很多有过几年的工作经验。他们来自同一个地方，说着我听不懂的方言。这就是我的第一届学生，他们因为教育帮扶来到了这座城市，和我一样，我们都需要适应这里的一切。

相比于其他中职生，他们更渴望知识，珍惜学习机会，他们认真听课、课前预习、课后复习、比拼学习、安静自习。三年时间里，他们刻苦学习，乐观向上，成为别人眼中好学生的模样。毕业了，我本以为他们能留在这个让人向往的珠三角地区工作，以改变自己的命运，没想到，三年的教育还是没能改变他们的思想，大部分都回到老家结婚生子。很多女生做起了家庭主妇，男生赚着每月两三千块钱的工资养家糊口。想到这些，我很压抑，我不知道我的教育哪里出了问题。

2017 年，我又做了班主任。这是一个重组的高三年级珠宝企业专班，学生都是经过企业筛选的。他们多才多艺、思维活跃、活泼好动、古灵精怪，但就是不爱学习。看着他们，想起我的第一届学生，真是天壤之别。学生变了，我也变了，我不再刻意地强调学生的学习成绩，更多地给予他们关注和理解，发挥他们的特长，给予他们展示自己的机会和平台。学生有喜欢珠宝设计的，有喜欢舞蹈表演的，有喜欢摄影绘画的，有喜欢运动健身的。尊重学生个性发展的同时，我更加注重学生职业素养意识的培养。对于社会，变化的是技术，不变的是素养，这是他们将来的立身之本。一年的相处时间虽然短暂，但我倾注了自己所有的教育智慧，与每一个学生的相处都可以写成一篇感人的文章。我们共同进步提高，我欣赏他们的才华横溢，他们肯定我的因材施教，我们都很快乐，各得其所。一年后，他们有的成为企业骨干，有的应征入伍，有的从事珠宝设计，有的成了自由撰稿人，有的成了舞蹈老师。看到他们脸上洋溢的笑容，我很欣慰。

帕斯卡尔说："人是一支苇草，但是一支有思想的苇草。思想成就人的伟大。"我深知，一个教师只有具有自己的思想，才能让教育的生命之树常青。教育不是捆绑束缚，不是跟随模仿，而是让学生找到真正适合自己的成长方式，成为自己喜欢的人。我经常静坐沉思，思考我十几年的教学生涯，学生变了，他们的成长环境和需求不同，我也变了，我的教育理念不断更新，我也逐渐开始成为自己喜欢的样子。

我曾经青春稚嫩，如今韶华逝去，仍满腔热血。教育理想，长路漫漫，我永远不会停下自己蹒跚笨拙的追梦步履，我将矢志不渝，做一个教育的追梦人。

扶贫扶志，因爱展翅

2019年8月31日，三辆长途跋涉的大巴车徐徐驶进校园，作为2019级电子商务专业对口扶贫专班的班主任，我迎来了来自彩云之南昭通镇雄县的53个学生，也迎来了一段激情满怀、意义非凡的班主任生活。

这53个学生都有着各自的个性和特点，其中给我印象最深的是天宇。第一次点名，他居然站在隔壁班的队列里，大夏天却穿着厚厚的夹克外套，空空的右袖管插在外套的口袋里。当我把他从隔壁班队列叫回来时，他应答的声音嗫嚅腼腆。

在后来的交谈中，我了解到，天宇先天就没有右手臂，生活贫困和身体残疾使他极其自卑。天宇来东莞学习电商专业是因为电商业务对身体条件要求不高，以后能够自食其力。

了解到天宇的遭遇，我感到很心疼，但更被他为改变命运而背井离乡到东莞求学的勇气所感动。教育扶贫不仅仅是传授知识，更要激发学生的自尊心、自信心，增强他们的自我认同感，帮助他们找到属于自己的光芒！我暗暗下定决心，一定要借助教育的力量，通过自己的努力，帮助天宇在东莞学有所获，找到一条改变命运的路！

我们的故事就这样开始了。开学的第一天晚上，天宇便向我提出一个请求，他想住在隔壁物流班的宿舍，因为那里有他的熟人。原来出来上学，洗衣服成了摆在他面前的第一道难题，需要有人帮助。出于理解和尊重，我同意了他的请求，同时我思索着还能为他做些什么。

第二天，我给天宇买了一个带搓衣板的水盆，这样他单手也可以洗衣服了。我还让班里几个热心的男生跟天宇“结对子”，每天去叫他一起上课，帮他处理一些生活上的琐事。

两个星期过去了，天宇主动提出想搬回本班的宿舍，班里的男生都去帮忙，看着他们热热闹闹地打成一片，我舒了一口气，打心眼里为天宇的成长和进步感到高兴，也为这个新集体感到欣慰。

很快到了农历八月十五，这是云南学生们离开家的第一个中秋节。每逢佳节倍思亲，为了丰富他们的假期生活、舒缓他们的思乡之情，学校组织了做月饼活动。学生们都在开心地搓面团、包馅料，天宇面带微笑，安静地站在大家身后，看得出他在努力融入集体活动。我走到他身边，鼓励他一起做月饼，在我俩的配合下，一块卖相不错的月饼做成了。当月饼烤出来时，他迫不及待地把月饼拿来给我尝，我掰了一小块放进嘴里，又香又甜。吃着月饼，我看到天宇满脸洋溢着幸福。

11 月，学校班级红歌大赛拉开帷幕。班级全体成员都要参加，大家选择了《精忠报国》这首慷慨激昂的歌曲作为参赛歌曲。合唱时大家要一边唱一边做出各种武术动作。集体排练时，每当音乐响起，天宇用单臂跟着做动作，我察觉到他有些局促，便大声地说："天宇，做得不错!"听到鼓励的天宇一下子自信起来，跟着节拍，一板一眼，认真地做着动作。在他的眼睛里，我看到了重燃自信的闪光，在激昂的歌声中是那样耀眼。

一年一度的学校运动会开始了，没有想到，天宇竟然主动报名参加男子 100 米短跑。比赛那天，金色的阳光洒满操场跑道，天宇无惧无畏，迎着阳光奔跑，他摆动的手臂像是面对命运挥出的重拳，坚强有力。我看着他如同一只羽翼渐丰的雏鹰，逆风飞翔，勇往直前!

天宇在学业上格外用心，一年多的时间下来，从成绩不太理想到现在各门功课良好，从不懂电脑操作到现在能够熟练地在网上卖货、制作小视频，普通话也说得标准流利。

看着天宇的成长与变化，我感恩在自己的教师生涯中有这样励志的经历，更深刻地体会到作为一名新时代教师的职业使命与育人担当：扶贫先扶智，扶智更扶志！我将继续帮助孩子们认识到自身的能量与千里迢迢来东莞学习的价值，用心给他们创造充满尊重与爱的环境，帮他们解决实际的生活困难，为这些孩子点亮一盏盏心的明灯，照亮他们的前行之路，让每一个孩子都能带着梦想展翅高飞！

不曾离别

2017年，我担任高三珠宝专班的班主任，由于最后一个学期学生外出实习不在校，所以留给我与他们相处的时间只有短暂的一个学期。尽管如此，我还是做好了充分的准备，要用一颗真诚的心对待每一个学生，我要做他们在学校里最亲的人。

开学第一天，我特意早早来到教室，微笑地注视着每一个走进教室的学生，想让他们在第一次见面时就感受到我对他们的爱和尊重。我用一周的时间记住了每一个学生的名字，并主动与他们进行沟通。慢慢地，他们开始从内心接受了我，把我当作可以信赖的人，愿意对我说出他们的心里话，我也发现他们越来越多的优点和长处。

时间一天天过去，与学生们相处的每一天都带给我不同的精彩，大家对我的称呼也从“裴老师”变成了诙谐亲切的“小裴”，我很欣慰；成人礼上，学生们争相与我合影，与我分享他们的兴奋之情，我很快乐；校运会上，学生们奋勇争先，拿了一块块奖牌，他们把奖牌都挂在我的脖子上，我很激动；校庆晚会上，学生们把自编自导自演的情景剧《不曾离别》演绎得感人至深、催人泪下，临时加的那句台词“裴老师，我们爱你！”更是让我热泪盈眶，他们说这是送给我的礼物，我很感动；元旦期间，学生们把班级布置得温馨喜庆，并相互送出装载着新年祝福的红包，我很知足；学期末的班级晚会上，学生们把事先包好的红包一个个拆开，表达着对我的祝福，除了感动、感谢、感恩，我只有一个词语形容那一刻的感受——幸福。

遇到他们，我深感幸运、幸福。作为一个老师，我爱学生，学生爱我，这让我很满足。

学期的最后一天，当我走进教室时，黑板上画了一个大大的“心”，上面写着一个大大的“裴”，我的心瞬间融化了，想说的话都说不出来了。我内心五味杂陈，感动的同时，我知道离别的这一天来了。他们即将离开校园，走向工作岗位，开始新的生活。

第一个离开校园的是阿娟，我送她到校门口，简单地嘱咐了几句，转身泪已落下，那一刻，我就像一个送别心爱女儿的老父亲，心里十分不舍和难受。之后我没有再为学生送行，因为我害怕离别。

我庆幸自己能在最好的年纪遇见这群最美的学生，我庆幸他们是如此多才多艺、活泼可爱，更感谢他们对我的理解和爱戴。翻看他们离校后发来报平安的短信和一张张曾经的照片，都让我拾起关于那段美好日子的回忆，每当这时，我的脸上都洋溢着幸福的笑容。

对于学生，校园是一座美好的花园，而他们都是匆匆过客，共为桃李，同窗几载，而后天各一方。变的是时光，不变的是那朝夕相处的感觉，铭刻在心，永不磨灭。感谢遇见，感恩欣赏。殇离别，殊不知，从不曾离别。

直达心灵的教育

教育应直达心灵。教师必须学会观察学生真正的需求，并加以引导，这样才能够找到一条直达学生心灵的道路。

很多老师在寻求直达学生心灵的教育道路上，有很多独特又有效的方式。比如利用照片记录学生的成长，再比如随身携带一个本子记录班级的各类小事，通过小事去了解学生内心的想法。今年3月，我们电子商务班的学生在广东省技能竞赛中获得了第一名，并在随后晋级参加的全国技能竞赛电子商务运营技能赛项中获得了二等奖。作为竞赛指导老师兼班主任，我平时就记录下了学生训练和生活的点点滴滴，所以很容易就形成了一个以“拼搏”为主题的教育活动——“老师，我得了第一”。教师只有参与到学生的生活和学习中，和学生打成一片，找到和学生的共鸣点，通过点点滴滴去触动学生的心灵，学生才会真正认可教师、认可学校、认可教育。教师要时刻记住：自己的一举一动，学生都会看在眼里、记在心里，教师和学生的每一次互动都会在学生内心留下涟漪。

在和学生交流时，教师要学会放下身段，以一种平等的心态去看待每一位学生，学会去挖掘学生内心的需求。要知道每一位学生内心都有被认可的需求，教师应为他们创造可以成长进步、获得成就的环境和条件，帮助他们树立自信，为他们指明前进的道路。相反，如果教师对学生厚此薄彼，对学生的问题行为只会批评责备，则会折断一双双稚嫩的想要学习飞翔、想要遨游天空的翅膀。

教师想要直达学生的心灵深处，就要让学生切切实实感受到教师对他的关心。教师要告诉学生的不是如果他们犯错误、违反纪律将会受到怎样的惩罚，而是如果他们遵守纪律就是有责任感的体现；教师可以用一句简单的问候，让学生感受到来自教师的温暖；教师可以提醒学生，如果放学未按时回家应该发个短信告诉家长，让学生懂得对父母尊重和体贴；对迟到的学生，教师不是批评，而是告诉学生不迟到是自我素质高的表现；对平时不爱学习的学生，教师不是一味训斥，而是让他们知道好好学习是对自己负责任的表现。

寻求直达心灵的教育可以通过最简单的语言、最真情的行动、最精心的活动，让学生真正体验到教师的关爱，也让学生能够找到自己的定位和为之奋斗的目标。苏霍姆林斯基曾经说过："教育就是要让孩子为他们自己和自己的行为而自豪，并为能维护自己的荣誉而自豪。"直达心灵的教育，关乎学生心灵的成长，需要教师更多的教育智慧。

图书在版编目（CIP）数据

班级教育故事写作技巧与范例 / 段珑玉，廖振德主编. --北京 : 中国人民大学出版社，2021.4
21 世纪职业教育规划教材
ISBN 978-7-300-29117-8

Ⅰ.①班… Ⅱ.①段… ②廖… Ⅲ.①中小学－班主任工作－案例－写作－职业教育－教材 Ⅳ.①G635.16

中国版本图书馆 CIP 数据核字（2021）第 045406 号

21 世纪职业教育规划教材
职业院校班主任岗前培训必备教材
班级教育故事写作技巧与范例
主　审　吴强辉
主　编　段珑玉　廖振德
Banji Jiaoyu Gushi Xiezuo Jiqiao yu Fanli

出版发行	中国人民大学出版社		
社　　址	北京中关村大街 31 号	**邮政编码**	100080
电　　话	010－62511242（总编室）		010－62511770（质管部）
	010－82501766（邮购部）		010－62514148（门市部）
	010－62515195（发行公司）		010－62515275（盗版举报）
网　　址	http://www.crup.com.cn		
经　　销	新华书店		
印　　刷	北京玺诚印务有限公司		
规　　格	185 mm×260 mm　16 开本	**版　　次**	2021 年 4 月第 1 版
印　　张	11.75	**印　　次**	2021 年 4 月第 1 次印刷
字　　数	210 000	**定　　价**	35.00 元
